生産診断システム
"HEPTA"による

ものづくり経営革新

編著 関西ものづくり支援パートナーズ

内藤秀治　鳥淵浩伸　顯谷敏也　大音和豊　島田尚往

同友館

はじめに

　製造業、いわゆる"ものづくり企業"にとってこれほどの転換期がこれまでにあっただろうか？　IT、AI、IoT などの普及により、技術革新はスピードを加速させ、その範囲は無限に拡大している。技術革新が資材革新を生み、設備革新がすすみ、生産革新に続いている。これまで当たり前であったものづくりが、いつの間にか古い慣行に変わっている。ヒトが担ってきた作業が機械に置き換わり、ヒトが考えてきた管理業務を AI が行っている企業も珍しくなくなってきている。品質管理が品質保証になり不良品の流出は許されなくなってしまった。コスト競争から価値競争になり、革新のない現場からは付加価値の低下が続いている。ものづくり企業にとっては、これらの変化に対応していくことが求められているのだ。

　一方で技術革新などの環境変化にいち早く気づき、製品に知恵を詰め込み、生産性を上げ、付加価値を高めている企業がいるのも事実である。これらの企業から生み出される製品は、たえ間なく繰り返されてきたイノベーションのかたまりなのだ。

　これら革新性の高い企業を詳しく分析してみると、"たえ間のない生産改善"こそが原動力であることがわかった。この生産改善のステップは、①ルール化（決める）、②周知（知らせる）、③実行（行う）、④改善（見直す）を繰り返すことである。

　われわれ「関西ものづくり支援パートナーズ」は 2010 年の発足以来、ものづくり中小企業の生産革新・生産性向上支援をおこなってきたが、これらの生産改善の実態を定量的に評価する仕組みを模索してきた。そして、生まれたのが HEPTA である。HEPTA とは、Highly Efficient Production by Total Analysis（生産性効率化分析）

の略で、生産改善の現状を分析するための診断システムである。生産改善のポイントを「5S」「見える化」「流れ化」「情報化」「品質」「資材購買」「現場活性化」の7つに分類し、上記の4つのステップ（①ルール化、②周知、③実行、④改善）で評価するものである。チェックリストを作成し、ものづくり企業が自己評価を行うことで、各企業の現状が明確になり、課題が浮かび上がっていくシステムである。このシステムはわれわれが支援を行っているクライアントやセミナー受講者等に自己評価していただくことで、生の事例の収集・蓄積を続けてきた。その結果、生産改善の現状が浮かび上がり、ものづくり企業の実態をつかむことができた。

　そこで、これまでのHEPTAの分析結果を公開することで、ものづくりに取り組む企業の生産改善に寄与できるのではないかと思い本書を執筆することになった。執筆にあたっては、これまでの調査結果を執筆者全員で分析し、「5S」「見える化」「流れ化」「情報化」「品質」「資材購買」「現場活性化」の7つについてこれまでの平均点との比較や事例によって、さらに深く考察した。その結果、各項目についての改善の方策についてもポイントを明示することができた。

　最後に本書の出版にあたり、HEPTAに取り組んでいただいた多くの"ものづくり企業"に御礼を申し上げる。真摯に生産改善に取り組むものづくり企業の経営者や幹部の皆様の存在が本書を生み出すきっかけとなった。また、株式会社同友館 出版部 佐藤文彦氏には、いつも的確な助言をいただき、多大な支援をいただいた。この場を借りて感謝申し上げたい。

　2017年10月
　　　　　　関西ものづくり支援パートナーズ　代表　内藤　秀治

目 次

第1章 HEPTAとは何か　　1
 1. HEPTAが生まれた背景　　3
 2. HEPTAとは　　4

第2章 HEPTA具体例（平均点・傾向等）　　15

第3章 5Sで儲かる工場づくり　　25
 1. 5Sとはなにか　　27
 2. 5Sの分析項目　　29
 3. 5Sの平均点　　32
 4. 5Sの分析事例　　37
 5. 5Sに関する改善の方策　　41

第4章 見える化でミス、ムダ、モレをなくす　　47
 1. 見える化のポイント　　49
 2. 見える化の分析項目　　52
 3. 見える化の平均点　　55
 4. 見える化に関する事例　　61
 5. 改善策　　63

第5章 流れ化でムダなく、スムーズな現場を作る　　67
 1. 流れ化とは　　69
 2. 流れ化の分析項目　　71
 3. 流れ化の平均点　　74
 4. 流れ化の分析事例　　78
 5. 流れ化に関する改善の方策　　82

第6章 現場で活かせる情報化のすすめ方　　85
 1. 情報化のポイント　　87

iv

2. 情報化に関する取り組みのとらえ方	91
3. 情報化の平均点	94
4. 情報化に関する事例	100
5. 情報化に関する改善策	102

第7章　品質を上げるための現場のしくみ　107

1. 品質とは何か	109
2. 品質に関する取り組みのとらえ方	112
3. 品質の平均点	115
4. 品質の分析事例	120
5. 品質に関する改善の方策	122

第8章　QCDをレベルアップする資材購買　127

1. 資材購買とは	129
2. 資材購買に関する項目	131
3. 資材購買の平均点について	135
4. 資材購買の分析事例	139
5. 資材購買の改善策	142

第9章　現場活性化の進め方　147

1. 現場活性化とは何か	149
2. 組織活性化の分析項目	151
3. 現場活性化の平均点	155
4. 現場活性化の分析事例	161
5. 現場活性化に関する改善の方策	165

第10章　HEPTAの応用・未来　169

あとがき　175

（注）　1. 今回、分析に用いたHEPTAのデータサンプル数は134である。
　　　　2. HEPTA分析の数値は、小数点、以下第二位を四捨五入しているため、合計数値に誤差がある場合がある。

第1章
HEPTA とは何か

HEPTA が生まれた背景

　日本経済を主導してきた製造業は、近年、中国を中心とするアジア諸国との競争にさらされ厳しい経営環境が続いている。この様ななか、時代は第四次産業革命に入ったといわれている。第一次産業革命で手加工から機械加工に、第二次産業革命で大量生産、第三次産業革命で与えられた指示に基づいたうえでの自動化と、発展してきたが、第四次産業革命では、データ収集・解析技術で機械が自ら考えて動くようになるといわれている。未来の工場ではAI（人工知能）が必要な部品を調達し、不足する部品をタイムリーに製造するようになり、飛躍的に生産性が向上することになる。

　このような大きな変化に対応していくためには、最新のロボットや設備の導入が必要となる。ただし、それだけでは十分ではない。確かに最新のロボットや設備を導入すれば生産性が上がる可能性は高い。しかし、第四次産業革命は今日明日に急激に変化するものではない。従って、最新の設備投資を行いながら、日々の改善や改良を継続していくことで対応することになる。地道な改善であっても、それを積み重ねると数年後には他社が簡単には追いつくことができないような大きな変化に繋がる。

　しかし、これまでも厳しい競争に打ち勝つために日々努力を重ねてきた日本のものづくり企業が、更なる改善や改良を実施するために、新たな課題を見つけることは容易ではなくなってきている。

　関西ものづくり支援パートナーズは、このようなものづくり企業に対して課題を見つけ改善策を提案してきた。

　それができる理由は大きく2つある。

①課題を見つけるノウハウを保有している。

②比較する企業や基準を知っている。

　これは多くの企業を支援した実績を持つコンサルタント集団だからこそできることといえる。

　日本の製造業全体のレベルを底上げするには、自社の課題を客観的に見つけることができ、改善につなげることができるのが理想である。関西ものづくり支援パートナーズは、プロの課題発見ノウハウをパッケージ化して、生産現場の現状を、だれでも簡単に、素早く、正確に分析し、生産面での課題を浮き彫りにする診断システムが必要であると考えた。

　そこでできた生産性診断システムが本書でご紹介する「HEPTA」である。

2. HEPTA とは

　HEPTA とは、Highly Efficient Production by Total Analysis（生産性効率化分析）の略で、生産現場の現状を分析し、生産面での経営課題解決のための診断システムである。

　HEPTA は、収益性が高い生産現場における「特徴」、「仕組み」、「日々実践していること」を数百項目洗い出し、詳細に分析を行った。その結果、とくに重要な項目として 140 の特徴があることが判明した。HEPTA では 140 項目の質問をチェックすることで、自社の現状がレーダーチャート形式で表示されるようにしており、一目

図表1-1 パソコン版HEPTAの開始画面

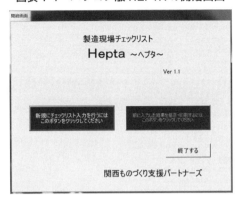

で自社のものづくりの現状が見える化できるシステムとなっている。

HEPTAは、使用する状況に応じて使い分けることができるように詳細版と簡易版の2種類を準備している。詳細版は前述のとおり140項目で構成されており、より詳細な分析ができるシステムとなっている。詳細版は一般的なパソコンで利用ができるマイクロソフト社のExcelを利用したソフトウェアにしている。140項目をじっくり検討できるように、回答途中でもデータを保存することが可能な仕様にしている。

一方、簡易版はさらに内容を絞り込んだ28項目で構成されており、より素早く現状を把握できるシステムである。簡易版では、詳細版と同じくパソコンで利用できるソフトウェアに加えて、手書きによるチェックができるようにチェック用紙版も用意している。

図表1-2 HEPTA チェック用紙版

大項目	項目	評価基準	チェック	点数	大項目合計
		機械、工具、備品、原材料・仕掛品・製品・消耗品などについて要、不要を選別しているか			
		機械、工具、備品、原材料・仕掛品・製品・消耗品などについて要、不要を選別しており、その選別周期を見直している		4点	
		機械、工具、備品、原材料・仕掛品・製品・消耗品などについて要、不要を選別している		3点	
	整理	機械、工具、備品、原材料・仕掛品・製品・消耗品などについて要、不要を選別することになっており、周知されているが、選別していない		2点	
		機械、工具、備品、原材料・仕掛品・製品・消耗品などについて要、不要を選別することになっているが、周知されていない		1点	
		機械、工具、備品、原材料・仕掛品・製品・消耗品などについて要、不要を選別することになっていない		0点	

大項目	項目	評価基準		チェック	点数	大項目合計
5S	整頓	**決まった場所に決まったモノが置かれているか**				
		決まった場所に決まったモノが置かれており、見直しを行っている	4点			
		決まった場所に決まったモノが置かれている	3点			
		決まった場所に決まったモノを置くことになっており、周知されているが、実行できていない	2点			
		決まった場所に決まったモノを置くことになっているが、周知されていない	1点			
		決まった場所に決まったモノを置くことになっていない	0点			
	清掃・清潔	**床、壁などに、ごみ、汚れなどがないか**				
		決まった方法で清掃を行っており、汚れがない。さらに汚れない方法を検討している	4点			
		決まった方法で清掃を行っており、汚れがない	3点			
		清掃方法が決まっており、周知されているが、実行できていない	2点			
		清掃方法は決まっているが、周知されていない	1点			
		清掃方法が決まっていない	0点			
	躾	**行動規範が守られているか**				
		行動規範が守られており、内容を見直している	4点			
		行動規範が守られている	3点			
		行動規範があり、周知されているが、守られていない	2点			
		行動規範はあるが、周知されていない	1点			
		行動規範がない	0点			
見える化	管理	**生産計画、実績、生産効率、不良数などが明示されているか**				
		生産計画、実績、生産効率、不良数などを明示しており、かつ定期的に明示方法の見直しがなされている	4点			
		生産計画、実績、生産効率、不良数などが明示されている	3点			
		実績、生産効率、不良数などが収集されているが明示されていない	2点			
		実績、生産効率、不良数などを収集するルールはあるが、実行できていない	1点			
		実績、生産効率、不良数などを収集するルールがない	0点			
	機械装置	**現在生産中の製品の種類・ロットが明示されているか**				
		現在生産中の製品の種類・ロットが明示されており、定期的に見直しがなされている	4点			
		現在生産中の製品の種類・ロットが明示されている	3点			
		現在生産中の製品の種類・ロットを明示するルールがあり、周知されているが実行されていない	2点			
		現在生産中の製品の種類・ロットを明示するルールはあるが、周知されていない	1点			
		現在生産中の製品の種類・ロットを明示するルールがない	0点			
	作業	**モノ（原料・仕掛品・製品）、道具（機械・工具・治具）に表示がなされているか**				
		モノ（原料・仕掛品・製品）、道具（機械・工具・治具）が表示され、表示方法の定期的な見直しがなされている	4点			
		モノ（原料・仕掛品・製品）、道具（機械・工具・治具）が表示されている	3点			
		モノ（原料・仕掛品・製品）、道具（機械・工具・治具）の表示ルールがあり、周知されているが実行されていない	2点			
		モノ（原料・仕掛品・製品）、道具（機械・工具・治具）を表示するルールはあるが周知されていない	1点			
		モノ（原料・仕掛品・製品）、道具（機械・工具・治具）を表示するルールがない	0点			
	品質	**品質目標及び現状が定量的に明示されているか**				
		品質目標及び現状が定量的に明示され、定期的な見直しがなされている	4点			
		品質目標及び現状が定量的に明示されている	3点			
		品質目標及び現状を定量的に明示するルールがあり、周知されているが実行されていない	2点			
		品質目標及び現状を定量的に明示するルールはあるが周知されていない	1点			
		品質目標及び現状を定量的に明示するルールがない	0点			
流れ化	生産計画	**工程単位ごとの日々の生産計画が作成されているか**				
		工程単位ごとの日々の生産計画を作成しており、計画の見直しを行っている	4点			
		工程単位ごとの日々の生産計画を作成している	3点			
		工程単位ごとの日々の生産計画を作成するルールになっており、周知されているが、実行できていない	2点			
		工程単位ごとの日々の生産計画を作成するルールになっているが、周知されていない	1点			
		工程単位ごとの日々の生産計画を作成していない	0点			
	生産統制	**生産計画とのズレが発生した時に対処する仕組みがあるか**				
		生産計画とのズレが発生した時に対処する仕組みがあり、運用され、仕組みの見直しを行っている	4点			
		生産計画とのズレが発生した時に対処する仕組みがあり、運用されている	3点			
		生産計画とのズレが発生した時に対処する仕組みがあり、周知されているが、運用できていない	2点			
		生産計画とのズレが発生した時に対処する仕組みはあるが、周知されていない	1点			
		生産計画とのズレが発生した時に対処する仕組みがない	0点			
	工場レイアウト	**工程の順番（受け入れから出荷）に沿った効率的なレイアウトになっているか**				
		工程は効率的なレイアウトであり、かつ定期的に見直しがなされている	4点			
		工程は効率的なレイアウトである	3点			

第1章 HEPTA とは何か　　7

大項目	項目	評価基準		チェック	点数	大項目合計
	作業方法	レイアウトは効率性が意識されているが、一部でムダが見受けられる	2点			
		レイアウトは効率性が意識されているが、ムダが多く見受けられる	1点			
		レイアウトは効率性は意識していない	0点			
		作業方法の改善を絶えず行い、作業時間の短縮を図っているか				
		作業方法を改善する仕組みがあり、運用され、かつ定期的に見直しがなされている	4点			
		作業方法を改善する仕組みがあり、運用されている	3点			
		作業方法を改善する仕組みがあり周知されているが、運用されていない	2点			
		作業方法を改善する仕組みはあるが、周知されていない	1点			
		作業方法を改善する仕組みはない	0点			
情報化	資材調達	**生産計画と在庫に基づいた計画的な発注ができているか**				
		生産計画と在庫に基づいた計画的な発注ができており、発注方法の見直しがなされている	4点			
		生産計画と在庫に基づいた計画的な発注ができている	3点			
		生産計画と在庫に基づいた計画的な発注を行うことになっており、周知されているが、実行できていない	2点			
		生産計画と在庫に基づいた計画的な発注を行うことになっているが、周知されていない	1点			
		生産計画と在庫に基づいた計画的な発注を行っていない	0点			
	在庫・工程管理	**生産実績データが収集蓄積活用されているか。**				
		生産実績データが収集蓄積され活用されており、方法の見直しがなされている	4点			
		生産実績データが収集蓄積され活用されている	3点			
		生産実績データが収集蓄積されているが、活用されていない	2点			
		生産実績データが収集されているが、蓄積されていない	1点			
		生産実績データが収集されていない	0点			
	品質・改善業務	**品質向上に向けた情報活用を行っているか**				
		品質向上に向けた情報活用を行っており、方法の見直しがなされている	4点			
		品質向上に向けた情報活用を行っている	3点			
		品質向上に向けた情報活用の仕組みがあり、周知されているが、活用されていない	2点			
		品質向上に向けた情報活用の仕組みがあるが、周知されていない	1点			
		品質向上に向けた情報活用の仕組みはない	0点			
	原価・生産性	**生産性向上に向けた情報活用を行っているか**				
		生産性向上に向けた情報活用を行っており、方法の見直しがなされている	4点			
		生産性向上に向けた情報活用を行っている	3点			
		生産性向上に向けた情報活用の仕組みがあり、周知されているが、活用されていない	2点			
		生産性向上に向けた情報活用の仕組みがあるが、周知されていない	1点			
		生産性向上に向けた情報活用の仕組みはない	0点			
品質	工程内品質	**次工程に不良を流さない仕組みがあるか**				
		次工程に不良を流さない仕組みが運用されており、仕組みが見直されている	4点			
		次工程に不良を流さない仕組みが運用されている	3点			
		次工程に不良を流さない仕組みがあり、周知されているが、運用されていない	2点			
		次工程に不良を流さない仕組みがあるが、周知されていない	1点			
		次工程に不良を流さない仕組みはない	0点			
	検査	**検査結果が記録され、分析に活かされているか**				
		検査結果が記録・分析され、関連部門にフィードバックされている	4点			
		検査結果が記録・分析され、当該部門にフィードバックされている	3点			
		検査結果が記録・分析されている	2点			
		検査結果が記録されているが、分析されていない	1点			
		検査結果が記録されていない	0点			
	管理	**不適合品の処理が適正に行われているか**				
		不適合品の処理が適正に行われており、方法の見直しがなされている	4点			
		不適合品の処理が適正に行われている	3点			
		不適合品の処理方法が周知されているが、適正に行われていない	2点			
		不適合品の処理方法が周知されていない	1点			
		不適合品の処理方法が決まっていない	0点			
	再発防止	**再発防止の仕組みがあるか**				
		再発防止の仕組みがあり、運用されていて、見直しがなされている	4点			
		再発防止の仕組みがあり、運用されている	3点			
		再発防止の仕組みがあり、周知されているが、運用されていない	2点			
		再発防止の仕組みがあるが、周知されていない	1点			
		再発防止対策の仕組みがない	0点			

大項目	項目	評価基準		チェック	点数	大項目 合計
資材購買	購買	**購買先の評価の仕組みがあるか**				
		購買先を評価する仕組みがあり、運用され、かつ定期的に見直しがなされている	4点			
		購買先を評価する仕組みがあり、運用されている	3点			
		購買先を評価する仕組みは周知されているが、運用されていない	2点			
		購買先を評価する仕組みが周知されていない	1点			
		購買先を評価する仕組みがない	0点			
	外注	**外注の評価の仕組みがあるか**				
		外注を評価する仕組みがあり、運用され、かつ定期的に方法の見直しがなされている	4点			
		外注を評価する仕組みがあり、運用されている	3点			
		外注を評価する仕組みは周知されているが、運用されていない	2点			
		外注を評価する仕組みが周知されていない	1点			
		外注を評価する仕組みがない	0点			
	在庫	**在庫の量と状態を管理しているか**				
		在庫の量と状態を管理できており、管理方法の見直しがなされている	4点			
		在庫の量と状態を管理できている	3点			
		在庫の量と状態を管理することになっており、周知されているが、実行できていない	2点			
		在庫の量と状態を管理することになっているが、周知されていない	1点			
		在庫の量と状態を管理していない	0点			
	物流	**物流のコスト削減に取り組んでいるか**				
		物流のコスト削減に物流パートナーと一緒に取り組んでおり、結果に結びついている	4点			
		物流のコスト削減に取り組んでおり、結果に結びついている	3点			
		物流のコスト削減に取り組んでいるが、結果に結びついていない	2点			
		物流のコスト削減に取り組むことになっているが、周知されていない	1点			
		物流のコスト削減に取り組んでいない	0点			
現場活性化	組織力	**現場に責任と権限を委譲しているか**				
		現場に責任と権限を委譲し、委譲する内容の見直しを行っている	4点			
		現場に責任と権限を委譲できている	3点			
		現場に責任と権限を委譲することになっており、周知されているが、実行できていない	2点			
		現場に責任と権限を委譲することになっているが、周知されていない	1点			
		現場に責任と権限を委譲することになっていない	0点			
	運営	**改善活動をP-D-C-Aサイクルに沿った形で推進できているか**				
		P-D-C-Aに沿った形で推進しており、進め方の見直しを行っている	4点			
		P-D-C-Aに沿った形で推進している	3点			
		P-D-C-Aに沿った形で推進することになっており、周知されているが、実行できていない	2点			
		P-D-C-Aに沿った形で推進することになっているが、周知されていない	1点			
		P-D-C-Aに沿った形で推進していない	0点			
	小集団活動	**小集団活動を行っているか**				
		小集団活動が実行されており、ルールの見直しも行っている	4点			
		小集団活動のルールが知られており実行できている	3点			
		小集団活動のルールが、実行できていない	2点			
		小集団活動を行うルールはあるが周知されていない	1点			
		小集団活動を行っていない	0点			
	人事・教育	**人材育成計画にもとづいた教育が行われているか**				
		人材育成計画にもとづいた教育が行われており、教育方法の見直しを行っている	4点			
		人材育成計画にもとづいた教育が行われている	3点			
		人材育成計画にもとづいた教育を行うことになっており、周知されているが、教育を行っていない	2点			
		人材育成計画にもとづいた教育を行うことになっているが、周知されていない	1点			
		人材育成計画にもとづいた教育を行うことになっていない	0点			

第1章　HEPTAとは何か　　9

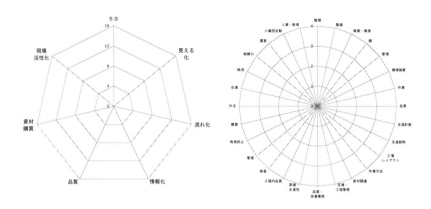

図表1-3　HEPTAの使い方

	チェック項目	使用する場面	媒体
詳細版	140項目	生産現場の状況を詳細に調査し、改善個所を見つけたい場合	パソコン版
簡易版	28項目	大まかに問題点改善点を見つけたい場合　時間をかけずにチェックや比較を行いたい場合	パソコン版　チェック用紙版

　具体的にHEPTAのチェック項目や回答の仕方、結果の出力を以下に示す。

　はじめにHEPTAのチェック項目と回答の仕方について、PC版の画面で説明する。

①基本情報の入力

　基本情報として、会社名等を入力する。

図表 1-4　パソコン版 HEPTA 基本情報入力画面

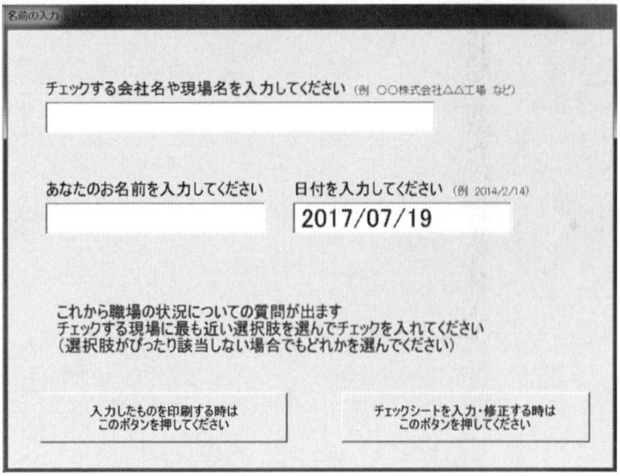

②チェック方法

　1つのチェック項目について五者択一で回答を行う。回答は質問ごとに変わるが、基本的に次のような基準で回答し、点数化する。
　　4点：仕組みがあり、運用され、仕組みの見直しを行っている
　　3点：仕組みがあり、運用されている
　　2点：仕組みがあり、周知されているが、運用できていない

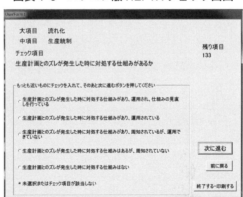

図表 1-5　パソコン版 HEPTA チェック画面

第1章　HEPTAとは何か　　11

1点：仕組みがあるが、周知されていない

0点：仕組みがない

③結果の出力

　HEPTAでは「5S」「見える化」「流れ化」「情報化」「品質」「資
材購買」「現場活性化」の7項目を7角形のレーダーチャート形式
で表示する。ちなみに7角形をギリシャ語でHEPTAといい、本
システムの語源となっている。

　HEPTAはレーダーチャートにより、生産現場の課題を視覚的に
認識できるシステムであり、生産現場の見える化を行うシステムで
あるといえる。

図表1-6　パソコン版HEPTA出力画面

「儲かる現場をつくるための生産診断システム"HEPTA"」（簡易版）

7項目	合計点数 (16点満点)
5S	8.6
見える化	10.0
流れ化	8.6
情報化	9.2
品質	10.0
資材購買	8.0
現場活性化	7.6

28項目		点数
5S	整理	2.1
	整頓	2.4
	清掃・清潔	2.0
	躾	2.1
見える化	管理	2.5
	機械装置	2.7
	作業	2.5
	品質	2.3
流れ化	生産計画	2.6
	生産統制	2.0
	工場レイアウト	2.0
	作業方法	2.1
情報化	資材調達	2.5
	在庫・工程管理	2.5
	品質・改善業務	2.2
	原価・生産性	2.1
品質	工程内品質	2.6
	検査	2.3
	管理	2.5
	再発防止	2.6
資材購買	購買	1.8
	外注	1.7
	在庫	2.7
	物流	1.8
現場活性化	組織力	1.9
	運営	1.9
	小集団活動	1.8
	人事・教育	2.1

また、HEPTA の利用方法は生産現場の課題の見える化にとどまらない。

関西ものづくり支援パートナーズでは、過去に実施した HEPTA の得点を蓄積し、平均点を算出している。平均点と比較することで自社のレベルを知ることができ、課題が浮き彫りになる。

また、HEPTA を定期的に実施し、その結果を比較することで、生産現場のレベルアップの度合いを定量的に測定できる。改善前と改善後に実施することでその効果を定量的に測定することが可能となる。

他には、「生産現場責任者と作業者」「経営者と社員」「品質部門と製造部門」など異なる属性の意識格差調査に使用することで、生産現場の本当の姿を浮き彫りにすることができる。

図表 1-7　HEPTA の活用方法

〈HEPTA の活用方法〉
・生産現場の課題の見える化
・業界平均との比較
・改善効果の測定
・拠点間の比較
・社員間、部門間など異なる属性においての意識調査

以下に HEPTA の 7 つの項目を簡単に説明する。

① 5S

仕事の基本となる「整理」「整頓」「清掃・清潔」「躾」の状態をチェックする項目である。同項目の視点から分析する。

②見える化

見えない情報をいかに見える状態にして、いつでも誰でも正確に

実行できる状態にしているかをチェックする項目である。「管理」「機械装置」「作業」「品質」の視点から分析する。

③流れ化

生産効率をチェックする項目である。「生産計画」「生産統制」「工場レイアウト」「作業方法」の視点から分析する。

④情報化

企業は、ヒト、モノ、カネ、情報といわれ、中でも近年重要視されるようになってきた情報に関する項目である。

「資材調達」「在庫・工程管理」「品質・改善業務」「原価・生産性」の視点から分析する。

⑤品質

会社の競争力に繋がる項目である。「工程内品質」「検査」「管理」「再発防止」の視点から分析する。

⑥資材購買

在庫のムダや仕入のムダをチェックする項目である。「購買」「外注」「在庫」「物流」の視点から分析する。

⑦現場活性化

生産現場で働く社員がいかに力を発揮できる環境になっているかをチェックする項目である。「組織力」「運営」「小集団活動」「人事・教育」の視点から分析する。

各項目については、2章以降で個別に解説する。

（大音　和豊）

第 2 章
HEPTA 具体例
（平均点・傾向等）

第2章 HEPTA 具体例（平均点・傾向等）

ここでは HEPTA の具体例について述べる。

HEPTA 簡易版の分析結果を見ると、大項目である7項目についての平均点は以下のようになっている（2017年4月末現在）。

図表 2-1　HEPTA 7項目の平均点

7項目	合計点数 (16点満点)
5S	8.6
見える化	10.0
流れ化	8.6
情報化	9.2
品質	10.0
資材購買	8.0
現場活性化	7.6

「現場活性化」以外は各項目とも16点満点のうち8点以上を示しており、特に「見える化」と「品質」が10点を示し、各社とも意識的に取り組んでいる様子が窺える。反対に「現場活性化」については最も低い数値となっている。これらのデータの各社の分布を見ると次のようになる（縦軸は全回答に対する占有率、横軸は点数である）。

図表 2-2　HEPTA 項目別の点数分布

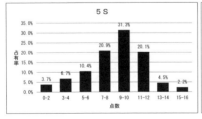
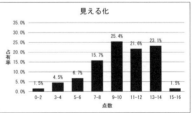

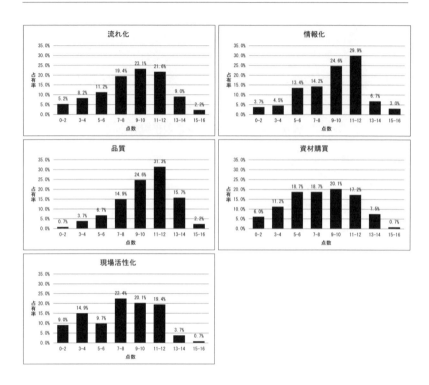

各項目ともに7点〜12点を中心に釣り鐘型の分布（正規分布）に似た形を示しているが、これらの項目の分布を重ねてみると、以下のようになる。

図表2-3　HEPTA 7項目の分布状況

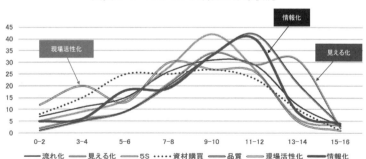

第2章 HEPTA 具体例（平均点・傾向等） 19

　このグラフを見ると明らかなように、「現場活性化」と「情報化」の分布曲線には大小２つのピークが見られる。「見える化」にも、その傾向は見られるが、「現場活性化」と「情報化」については、ピーク間の距離（得点差）が大きいという点で特徴的である。これは、進んでいる企業とそうでない企業の取り組みが二極化されていることを示している。これらの項目は他の項目に比べ、しっかり基盤づくりを行っていかなければ効果が現れにくいため、小手先の対策では改善に結びつかないことも大きな要因であると考えられる。地道に基盤づくりを行ってきた企業とそうでない企業の差が、「現場活性化」と「情報化」に現れているように思われる。

　また、「現場活性化」と「情報化」の２つを比べてみると、「現場活性化」のほうが全体的に得点が低い傾向を示している。平均的なピークの位置も他の項目が９〜10点を示しているのに対し、「現場活性化」では７〜８点と２ポイントほど下がっている。やはり、現場活性化のような地道な風土づくりについては、各社とも課題があると考えているようだ。

　一方で「見える化」のような即効性をもたらす項目については、ピークも９〜14点と高い位置を示している。

　さらに、28項目に目を向けてみると、以下のような結果になっている。満点は４点だが、分析結果を見ると２点以下が９項目あり、３点を超えている項目はない。

図表 2-4　HEPTA 28 項目の平均点

	28項目	点数
5S	整理	2.1
	整頓	2.4
	清掃・清潔	2.0
	躾	2.1
見える化	管理	2.5
	機械装置	2.7
	作業	2.5
	品質	2.3
流れ化	生産計画	2.6
	生産統制	2.0
	工場レイアウト	2.0
	作業方法	2.1
情報化	資材調達	2.5
	在庫・工程管理	2.5
	品質・改善業務	2.2
	原価・生産性	2.1
品質	工程内品質	2.6
	検査	2.3
	管理	2.5
	再発防止	2.6
資材購買	購買	1.8
	外注	1.7
	在庫	2.7
	物流	1.8
現場活性化	組織力	1.9
	運営	1.9
	小集団活動	1.8
	人事・教育	2.1

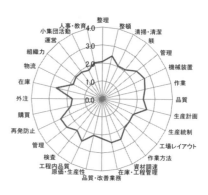

この分析結果から、各社の平均的な状況は以下のようであると推察される。

図表 2-5　HEPTA 28 項目の平均点の状態

5S	整理	機械、工具、備品、原材料・仕掛品・製品・消耗品などについて要、不要を選別することになっており、周知されているが、選別していない
	整頓	決まった場所に決まったモノを置くことになっており、周知されているが、実行できていない
	清掃・清潔	清掃方法が決まっており、周知されているが、実行できていない
	躾	行動規範があり、周知されているが、守られていない
	管理	生産計画、実績、生産効率、不良数などが明示されているが、定期的に明示方法の見直しが不十分である

第2章　HEPTA 具体例（平均点・傾向等）　21

	機械装置	現在生産中の製品の種類・ロットが明示されているが、定期的な見直しが不十分である
見える化	作業	モノ（原料・仕掛品・製品）、道具（機械・工具・治具）の表示ルールがあり、周知されているが実行されていない
	品質	品質目標及び現状を定量的に明示するルールがあり、周知されているが実行されていない
流れ化	生産計画	工程単位ごとの日々の生産計画を作成しているが、計画の見直しが不十分である
	生産統制	生産計画とのズレが発生した時に対処する仕組みがあり、周知されているが、運用できていない
	工場レイアウト	レイアウトは効率性は意識されているが、一部でムダが見受けられる
	作業方法	作業方法を改善する仕組みがあり周知されているが、運用されていない
情報化	資材調達	生産計画と在庫に基づいた計画的な発注ができているが、発注方法の見直しがなされていない
	在庫・工程管理	生産実績データが収集蓄積されているが、十分な活用に至っていない
	品質・改善業務	品質向上に向けた情報活用の仕組みがあり、周知されているが、活用されていない
	原価・生産性	生産性向上に向けた情報活用の仕組みがあり、周知されているが、活用されていない
品質	工程内品質	次工程に不良を流さない仕組みが運用されているが、仕組みの見直しが不十分である
	検査	検査結果が記録・分析されているが、関連部門にフィードバックされるには至っていない
	管理	不適合品の処理は適正に行われているが、処理方法の見直しが不十分である
	再発防止	再発防止の仕組みがあり、運用されているが、見直しが不十分である
資材購買	購買	購買先を評価する仕組みは周知されているが、運用されていない
	外注	外注を評価する仕組みは周知されているが、運用されていない
	在庫	在庫の量と状態を管理できているが、管理方法の見直しが不十分である

	物流	物流のコスト削減に取り組んでいるが、結果に結びついていない
現場活性化	組織力	現場に責任と権限を委譲することになっているが、周知されていない
	運営	P-D-C-A サイクルに沿った形で推進することになっているが、周知されていない
	小集団活動	小集団活動のルールはあるが、実行できていない
	人事・教育	人材育成計画にもとづいた教育を行うことになっており、周知されているが、教育を行っていない

　ここから見えてくるのは、

- ・ルールはあるが周知徹底されていない、守られない
- ・ルールの見直しが行われておらず、改善が進まない
- ・必要な情報がタイムリーに共有されていない

といった現場の状況だ。おそらく、今の仕事に忙殺され、仕組みづくりに手が回っていない状況だと推察されるが、だからこそ普段の仕事に様々な仕掛けをして行く必要があるのだ。

　しかし、それは大げさなものでなくてかまわない。各人が個別でノートに記録しているものを、共有のホワイトボードに代えるだけで情報の共有は進むし、朝礼の内容を少し変えるだけで目的意識の醸成に好影響を与える。

　その第一歩は「風通しの良い職場づくり」だ。それもいきなり職場風土の改革を考えるのではなく、まず「5S」と「見える化」で、今の仕事の状況を共有し、「情報化」でお互いに必要な情報をスムーズに流していく。そして「現場の活性化」につなげていく、といった小さなところからはじめるストーリーが重要なのである。

　HEPTAであなたの会社の状況を客観的に把握したら、次はそれをどのように変えていくのかというストーリーづくりが必要にな

る。ぜひ、あなたの会社の改善ストーリーを考えてみてほしい。

図表2-6　改善ストーリーの例

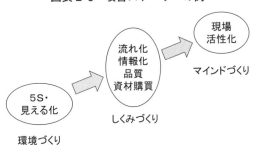

次の章からは、HEPTAの各項目について、分析事例も交えながら説明していきたい。これらの内容を、あなたの会社の改善ストーリーづくりにぜひ活用してほしい。

（顯谷　敏也）

第3章

5S で儲かる
工場づくり

1. 5S とはなにか

　5S とは職場の管理の基盤づくりの活動で、「整理（Seiri)」「整頓(Seiton)」「清掃（Seisou)」「清潔（Seiketsu)」「躾（Shitsuke)」のローマ字の頭文字5つの「S」をとったものである。

　これには安全や品質向上を目的として「整理」「整頓」「清掃」の3つを中心に「3S」活動として取り組まれてきたものに、「清潔」「躾」が加えられて「5S（活動)」として定着してきた背景がある。読者の職場でも5Sという言葉を聞いたり、また、すでに5S活動を定常的に行っているところも多いのではないだろうか？

　5Sのそれぞれの内容を示すと以下のようになる。

図表 3-1　5S の定義

5S	内容
整理 SEIRI	必要な物と不要な物を分け、不要な物を捨てること。
整頓 SEITON	必要な物がすぐに取り出せるように置き場所、置き方を決め、表示を確実に行うこと。
清掃 SEISOU	掃除をしてゴミ、汚れのないきれいな状態にすると同時に、細部まで点検すること。
清潔 SEIKETSU	整理、整頓、清掃を徹底して実行し、汚れのないきれいな状態を維持すること。
躾 SHITSUKE	決められたことを、決められたとおりに実行できるよう習慣づけること。

　多くの職場で5Sの重要性が叫ばれているが、それでは、なぜ5Sが必要なのだろうか？　5S活動を行うことで、どんな良いことがあるのだろうか？　この点を明確にしたうえで、「なぜ5Sに取り

組むのか？」という目的意識を共有しなければ、あなたの職場の5S活動はカタチだけのものに陥ってしまうだろう。

　カタチだけの活動では成果につながらず、その活動自体が大きなロスになりかねない。結果も出ないため、現場のモチベーションも下がってしまうのである。

　では、ここでいう「成果」とは何だろうか？

　経営者から見れば、それは「儲かる」ことであり、現場から見れば「自分たちの仕事がやりやすくなる」ことだ。つまり、5Sによって働きやすい環境ができることで、作業効率が高まり、結果的に様々なロスが低減されることにより生産性が高まるのである。それが原価低減につながり、会社の利益創出に貢献することになるのだ。

　ぜひこの観点から5Sの取り組みを見直してみてほしい。必ず「成果」につながる5S活動が行えるはずだ。作業性の向上が実感できれば、自分たちの活動に対する成果の実感が得られ、それが原価低減につながり会社の利益に貢献できれば、現場の活動への評価につながる。自分たちの活動がカタチになることが、活動メンバーの動機づけになり、その動機づけがメンバーの意識を変えていくのだ。このサイクルが5Sの定着の原動力となるのである。

図表3-2　5Sを核とした改善サイクル

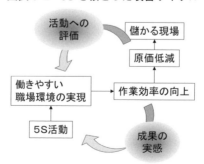

2. 5S の分析項目

この5Sを評価するためにHEPTAでは、①整理、②整頓、③清掃・清潔、④躾、の観点から自社の現状をとらえ、ステップアップするための方策を示唆している。それぞれの内容について以下に説明する。

図表3-3　5S のチェックポイント

項目	チェックポイント
整理	機械、備品、消耗品などについて要、不要の基準があるか
	機械、備品、消耗品などの不要なものが工場内にないか
	管理状態が不明な、原料・仕掛品・製品が現場に放置されていないか
	試験用の原材料やサンプルが現場に放置されていないか
	定期的に要・不要の基準の見直しが図られているか
整頓	通路の線が引かれているか（区画線表示）
	エリアの明示ができているか（仕掛品、完成品、台車置場など置場の線がひかれているか）
	直置き、チョイ置きはないか
	品目や数量の明示がされているか
	決まった場所に決まったものが置かれているか
清掃・清潔	床にごみ、水、油などが無いか
	壁や窓などに汚れがないか
	掃除道具は整備されているか
	定期的に機械や設備の点検を行っているか
	毎日清掃を行っているか（清掃が習慣化されているか）
躾	工具や器具などがより使い易い、戻しやすい工夫があるか
	工場や事務所などが汚れないようにする工夫があるか
	制服や作業服は決められたとおりに着用されており、きれいに保たれているか
	決められたルールなどが守られる風土になっているか
	挨拶が徹底されるなど、活気のある風土になっているか

さらに、簡易版ではこれらのうち、下記の項目のチェックを行う。

図表 3-4　簡易版の 5S のチェックポイント

項目	チェックポイント
整理	機械、工具、備品、原材料・仕掛品・製品・消耗品などについて要、不要を選別しているか
整頓	決まった場所に決まったものが置かれているか
清掃・清潔	床、壁などに、ごみ、汚れなどがないか
躾	行動規範が守られているか

(1) 整理

5S の基本は、まず不要物を取り除く「整理」から始まる。「整理」の定義は、必要な物と不要なものを分け、不要なものを捨てることである。

これをおろそかにしていては、成果につながらない。この観点で、もう一度自社の取り組みを評価してみてほしい。

(2) 整頓

ものづくり現場の 5S に関する項目の 2 番目は「整頓」である。

「整頓」とは必要な物がすぐに取り出せるように置き場所、置き方を決め、表示を確実に行うことである。

「整頓」の第一歩は場所に意味を持たせ、そこに名称を設定することで、どこに置かれることが正しいのか、を明示することである。また、現場が決められたように実施される仕組みがあること、さらに、どこに何がどれだけあるかが、誰にでも一目で分かり、すぐに取り出せるということも大切なポイントである。

整頓は単にキレイに並べることが目的ではない。作業効率を上

げ、探し物や二度手間などのロスを防ぐために必要不可欠な行為なのだ。ぜひ、自分たちの仕事をやりやすくするためのものの配置を考えて見てほしい。その意識だけで、現場は変わっていくのである。

(3) 清掃・清潔

ものづくり現場の5Sにかかわる次の事項は「清掃・清潔」だ。

「清掃」とは、掃除をしてゴミ、汚れのないきれいな状態にすると同時に、細部まで点検すること、「清潔」とは、整理、整頓、清掃を徹底して実行し、汚れのないきれいな状態を維持することである。

詳細版の項目「床にごみ、水、油などが無いか」「壁や窓などに汚れがないか」は清掃の本質である「キレイな状態を維持する」ための仕組みがあること、「掃除道具は整備されているか」はそれをやりやすくするための環境づくりだ。さらに「定期的に機械や設備の点検を行っているか」「毎日清掃を行っているか」は「清掃」の本質的な意味を理解し、それを実行するしくみを作り上げることである。

汚れのない状態を維持・向上するためには作業者の努力だけでは難しく、仕組みとして構築していくことが必要である。そのためには業務の中に「小さな清掃」を組み込んでいく工夫が必要なのだ。

あなたの会社では、どのような工夫ができるだろうか？ぜひ考えてみてほしい。

(4) 躾

5Sに関する項目の最後は「躾」だ。躾（しつけ）とは、守ることを決め、決めたことを守る、習慣・風土を作ること。つまり、3Sが習慣化し、企業風土となっている状態である。

詳細版項目の「工具や器具などがより使い易い、戻しやすい工夫

があるか」「工場や事務所などが汚れないようにする工夫があるか」
は 3S（整理・整頓・清掃）をさらに進化させる活動ができている
ということ。「制服や作業服は決められたとおりに着用されており、
きれいに保たれているか」は職場だけでなく、そこで働く自分自身
にも気を配ることができているということだ。「決められたルール
などが守られる風土になっているか」はルールの目的を理解した行
動、「挨拶が徹底されるなど、活気のある風土になっているか」は
職場風土活性化にむけた取り組みを自ら行う意識と実行力である。

「躾」ができている現場は、自ら課題を発見し解決できる強い現
場力を持つ。あなたの会社はいかがだろうか？

次の節からは、HEPTA の実施結果の実例を挙げながら説明を進
めたいと思う。

③. 5S の平均点

HEPTA 簡易版における平均点は次のようになっている（2017
年 4 月末現在）。

図表 3-5　5S の平均点と点数分布

7項目	平均点 (16点満点)
5S	8.6
見える化	10.0
流れ化	8.6
情報化	9.2
品質	10.0
資材購買	8.0
現場活性化	7.6

	28項目	合計点数 (4点満点)
5 S	整理	2.1
	整頓	2.4
	清掃・清潔	2.0
	躾	2.1

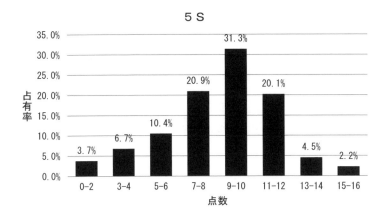

5Sは現場活性化・資材購買に次ぐ低い数値（平均8.6点）を示しており、13点以上の点数を示しているのは全体の6.7%にとどまっている。また、10.4%が4点以下の点数となっており、全体的に低調な結果となっている。

まさに「言うは易し、行うは難し」の典型である。それだけ継続的に実行し、現場を維持していくのは難しいのだ。

さらに5Sの中の項目を見ていくと、整頓がやや高い値を示しているものの、「整理」、「清掃・清潔」、「躾」の数値が小さくなっていることが分かる。

実際にHEPTAの回答をもとに各社の点数の分布を見ると、以下のようになる。

まず「整理」では、

図表 3-6　整理の点数分布

4点	機械、工具、備品、原材料・仕掛品・製品・消耗品などについて要、不要を選別しており、その選別周期を見直している	3.0%
3点	機械、工具、備品、原材料・仕掛品・製品・消耗品などについて要、不要を選別している	35.3%
2点	機械、工具、備品、原材料・仕掛品・製品・消耗品などについて要、不要を選別することになっており、周知されているが、選別していない	36.8%
1点	機械、工具、備品、原材料・仕掛品・製品・消耗品などについて要、不要を選別することになっているが、周知されていない	15.8%
0点	機械、工具、備品、原材料・仕掛品・製品・消耗品などについて要、不要を選別することになっていない	9.0%

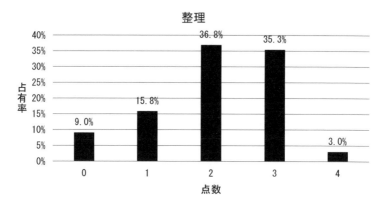

となっており、61.6%が2以下を示している。つまり、これは、「必要なものと不要なものを分け、不要なものを捨てる」ための行動が、現場で自律的に行われていない企業が多いことを示している。特に、「要・不要」のルールの設定が現場や個人任せであった場合、「いつか使うだろう」という各人の勝手な判断により「整理」が進まないことが多く見受けられる。全社でブレない判断基準をつくり、その基準に従って、誰が行っても同じ判断ができるルールを作ることが「整理」を進めるための重要な第一歩なのだ。

次に、得点が比較的高かった「整頓」においては、以下のような得点分布となっているが、0点はわずか0.7%にとどまっている。「整頓」ではルールは決まっているが実行できていないところが各社に共通する課題のようだ。また、「整理」よりも「整頓」の得点が高いことから、決まった場所にものが置かれているものの、要・不要の区別がつけられておらず、不要品が放置されている状況も推測される。

図表3-7 整頓の点数分布

4点	決まった場所に決まったものが置かれており、見直しを行っている	9.7%
3点	決まった場所に決まったものが置かれている	36.6%
2点	決まった場所に決まったものを置くことになっており、周知されているが、実行できていない	43.3%
1点	決まった場所に決まったものを置くことになっているが、周知されていない	9.7%
0点	決まった場所に決まったものを置くことになっていない	0.7%

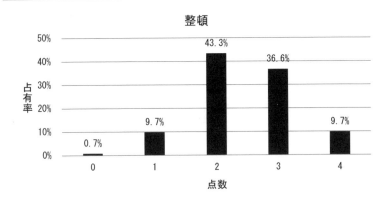

一方、「清掃・清潔」では、以下に示す結果が出ている。こちらも0点が多く、「清掃方法が決まっており、周知されているが、実

行できていない」と回答された企業が全体の46.3%にのぼった。

図表3-8 清掃・清潔の点数分布

4点	決まった方法で清掃を行っており、汚れがない。さらに汚れない方法を検討している	5.2%
3点	決まった方法で清掃を行っており、汚れがない	27.6%
2点	清掃方法が決まっており、周知されているが、実行できていない	46.3%
1点	清掃方法が決まっているが、周知されていない	7.5%
0点	清掃方法が決まっていない	13.4%

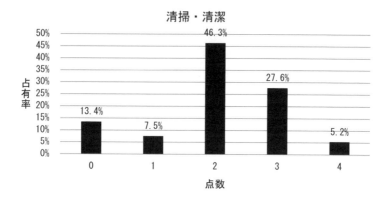

また「躾」で特筆すべきは、0点が16%を超えている点だ。診断項目から見ても明らかなように、多くの会社で行動規範が明文化されていない実態が浮き彫りになっている。

図表3-9 躾の点数分布

4点	行動規範が守られており、内容を見直している	6.0%
3点	行動規範が守られている	35.8%
2点	行動規範があり、周知されているが、守られていない	35.1%
1点	行動規範はあるが、周知されていない	6.7%
0点	行動規範がない	16.4%

第3章 5Sで儲かる工場づくり

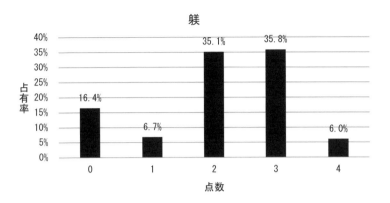

では次に、実際の例で各社の状況を見ていこう。

4. 5Sの分析事例

(1) 事例1

下のデータはある企業の評価結果である。

図表3-10　5Sの点数が14点以上の企業の点数内容

7項目	当社 (16点満点)	平均点 (16点満点)
5S	14	8.6
見える化	14	10.0
流れ化	15	8.6
情報化	16	9.2
品質	16	10.0
資材購買	14	8.0
現場活性化	15	7.6

	28項目	当社 (4点満点)	平均点 (4点満点)
5S	整理	4	2.1
	整頓	3	2.4
	清掃・清潔	3	2.0
	躾	4	2.1

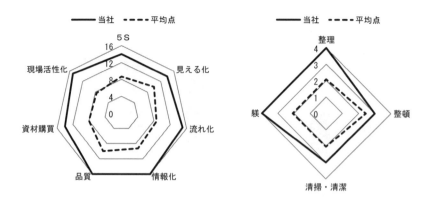

　この会社は全ての項目にわたり平均よりも高い数値を示している大変優れた企業である。5S項目については、トータルで14点と非常に高い評価であり、5Sに対して熱心な取り組みが実施されていることが想定される。ただし、情報化・品質が満点（16点）であるのに対し、5Sは14点にとどまっている。5Sの徹底は、それほど難しいのだ。

　5Sの各項目についてみてみると、整理および躾の項目については、最高の4点の評価をされているが、整頓については3点で「決まった場所に決まったものが置かれている」、清掃・清潔については「床、壁などに、ごみ、汚れなどがない」という評価にとどまり、一歩上にむけての見直しが十分になされていないことがわかる。

　5Sに関して当社の取組みで必要なことは、現状を良しとするのではなく、そこからさらに作業性の上がる環境を創り出していくことなのである。

(2) 事例2

　次のデータは、平均よりも5Sの点数が劣っていると評価された事例である。

第 3 章　5S で儲かる工場づくり　　39

図表 3-11　5S の点数が 5 点以下の企業の点数内容

7 項目	当社 (16点満点)	平均点 (16点満点)
5S	5	8.6
見える化	9	10.0
流れ化	10	8.6
情報化	9	9.2
品質	11	10.0
資材購買	8	8.0
現場活性化	10	7.6

	28項目	当社 (4点満点)	平均点 (4点満点)
5 S	整理	1	2.1
	整頓	2	2.4
	清掃・清潔	1	2.0
	躾	1	2.1

　5S が平均点より大きく劣っている最大の要因は、5S のためのルールがあるにもかかわらず、それが周知徹底されていないということである。

　徹底されないのは何か原因があるはずだ。たとえ決めたことであっても、忙しければ守れなくても仕方ないという風土であるかもしれないし、あるいは、5S のやり方が分からないのかもしれない。また、ルールを守らないことによって、どのようなことが引き起こされるのかについての、深い理解がないのかもしれない。

　これを防ぐためには、ルールだけでなく、その目的を周知徹底するとともに、リーダーを中心としたルール逸脱のチェックと是正のしくみが必要になるのである。

　しかし、同社の幹部が HEPTA で自社をチェックした結果、前述の結果とは異なるものとなった（前述の結果は生産現場の担当者のもの）。以下にその結果を示す。

図表3-12　5Sの点数に関する経営幹部と生産現場担当者の評価差異

7項目	現場担当 (16点満点)	経営幹部 (16点満点)	平均点 (16点満点)
5S	5	12	8.6
見える化	9	14	10.0
流れ化	10	10	8.6
情報化	9	13	9.2
品質	11	13	10.0
資材購買	8	14	8.0
現場活性化	10	12	7.6

28項目	現場担当 (4点満点)	経営幹部 (4点満点)	平均点 (4点満点)
整理	1	3	2.1
整頓	2	3	2.4
清掃・清潔	1	3	2.0
躾	1	3	2.1

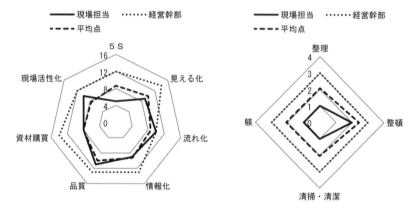

　生産現場担当者とまったく同じ設問であったにもかかわらず、評価にはずいぶん差がある。立ち位置によって見え方が変わってくるのである。

　幹部ができていると思っていても、現場では意外とできていない、もしくはできているように見えているだけといったことも往々にしてある。このような認識の違いを起こさないためにも、全員が共有し実行できる基準が必要なのだ。

5. 5S に関する改善の方策

　ここまで、5S についていくつかの事例を見てきた。では、5S を進めるためにはどのような方策があるのだろうか。

　ここでは、5S の各項目についての方策を考えていこう。

(1) 整理

　「整理」とは、「必要な物と不要なものを分け、不要なものを捨てること」とお伝えした。しかし、なかなかものは捨てられない…

　そんな時に有効なのが、「赤札（あかふだ）作戦」だ。

　これは、不要だと思うものに赤い札を貼って、不要なものを捨てる活動で、ちょうど差押札のように赤い札を不要物に貼っていくのだ。すると対象職場のいろいろなところに赤札が貼られ、不要なものが見えてくるのである。

　赤札を貼られたものは、一定期間経過後に捨てられる（その場から退出）ので、対象職場から不要物が撤去され、作業のしやすい現場ができあがる。工場の垢を落とすという意味で「赤（垢）札」と呼ばれたりもする所以である。

　実際の進め方だが、基本的にはトップダウンで進める。

　具体的には、工場長の直下に赤札プロジェクトを発足するのだ。これは、赤札プロジェクトに権限を持たせることが目的だが、工場長の決意表明でもある。

　プロジェクトの発足の後は、赤札の対象を決め、実施通知を全員に配布し、目的、対象品、赤札基準、猶予期間等の基準を明示する

とともに、周知徹底を図る。

　要・不要の基準は、例えば1ヶ月先の生産に使用するもののみを生産エリアに置くなど、生産計画に従った基準づくりに加え、所有が不明確、存在の意味が不明のものも不要物としなければならない。ここが大変重要である。

　赤札作戦の実際は、まず、すべて見える状態にしたうえで、エリアを決めて重点的に行う。また、現場の人（当事者）には貼らせないことも重要だ。あくまで、第三者が客観的に判断することが重要なのである。

　また、「不要物が出ない」取り組みも大切だ。「チョイ置き」などに対し、責任者と明確な処置期限を明示するなど、源流から業務のしくみを見直す必要があるのだ。

(2) 整頓

　「整頓」で、重要になるのがものの置き方だ。

　ものの置き方を標準化することで、誰でもすぐに必要なものを見つけ、戻すことができる。その標準として代表的なものに「3定」という考え方がある。これは、

　　定位：決まった場所に
　　定品：決まったものを
　　定量：決まった量だけ置く

の3つの「定」を意味する。

　「定位」では、物を置く場所を決め、看板などによって番地表示を行っていくとともに、棚にも品目を表示していく。また、重要な

のが「定量」だ。特に発注が必要な資材や備品などの最大・最小の量を表示することで、発注タイミングなども明確になり、仕掛り在庫などの極端な増減が発生した場合は、工場の流れに異常があることもひと目で分かる。

このような工夫を行うことで、「誰でもすぐに、見つける、使える、戻せる」職場環境をつくり、「探す」ムダを省いていくことが生産ロスの削減（＝原価低減）につながっていくのである。

(3) 清掃

現場の汚れは、現場の異常を映し出す。だからこそ、汚れは隠さず、オモテに出す。また、汚れの基準は目で見てわかるものにすることが必要である。

清掃を習慣づけていくことで、機械や設備の故障を未然に防ぐことができ、製造品質の向上につながる。つまり、清掃の目的は単なる「そうじ」ではなく、機械や設備を本来ある状態にしておく、さらに言うと「性能をフルに発揮できる状態にしておく」ということなのである。

その意味で、清掃は次の3ステップを踏むことが重要だ。

STEP ①. 日常清掃

これは一連の業務に清掃を組み込むことで、キレイを維持することを目的にしている。しかし、これだけでは、まだ性能をフルに発揮するところまでは至っていない。

そこで次に行うのが「清掃点検」である。

STEP ②. 清掃点検

これは清掃業務に点検を組みこむことで、異常の感知・発見を行うことを目的としたものだ。さらにこれを進化させたものに「清掃保全」というものがある。

STEP ③. 清掃保全

これは清掃点検業務に保全を組み込むもので、そもそものトラブルが起こらないように、清掃時に根元から断ってしまおうという発想である。

　このようなステップを踏むことで、単なる「そうじ」ではない真の「清掃」が実現できるのである。

(4) 清潔

　「清潔」とは、整理、整頓、清掃を徹底して実行し、汚れのないきれいな状態を維持することだ。究極は、"捨てない整理、乱れない整頓、汚れない清掃（予防3S）" のしくみを作り、これを維持することが「清潔」なのである。

　3S（整理・整頓・清掃）で基礎段階が終わり、3Sの習慣化まで取り組みが進んでくるタイミングで、多くの企業は5S活動の停滞を経験する。その最も大きな理由は、現状に対し「なぜ」という問いかけをせず、現場がキレイになったところで満足してしまうからだ。
　しかし、ここをもう一歩攻めなければ、3Sを維持するしくみにはならない。そして、それを実現するためには、様々な工夫と今までの仕組みや作業のやり方を変えていくことが要求されるようにな

第3章　5Sで儲かる工場づくり　　45

る。そのためには、源流に遡り「散らからない、汚れない」ためには、どうすれば良いのかを考えていく必要がある。乱れてから対応するのでは維持は難しくなる。

(5) 躾

　躾（しつけ）とは、守ることを決め、決めたことを守る習慣・風土を作ること。3Sが習慣化し、企業風土となっている状態である。

　3Sが定着し、それがしくみとなって仕事の中に組み込まれていったとしても、そこで働く人たちのマインドが変わらなければ5Sは定着しない。崩れない5Sを実現させるためには、躾に対する具体的な方策と環境づくりが必要なのだ。その第一歩が明確な基準と対処方法の明示だ。これによって、異常や違反が発生したとき、誰でも気づき、お互いに指摘でき、対処できるようになる。

　そのためには3Sを主体とした「見える職場づくり」や標準作業の設定、生産状況の見える化を行い、異常が一目で分かる環境を作らなければならない。この土台があってはじめて5S定着の一歩が踏み出せるのである。

　次に躾の規範を作ることが重要だ。見える職場ができれば、誰にでも異常が分かるようになる。さらに、異常を見つけたり、標準作

図表3-13　3現3即3徹

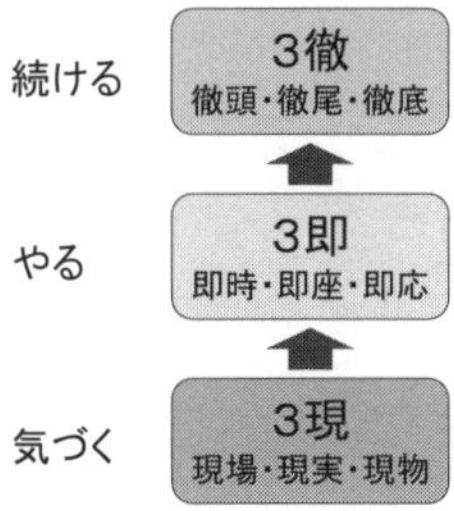

続ける　3徹　徹頭・徹尾・徹底

やる　3即　即時・即座・即応

気づく　3現　現場・現実・現物

業を逸脱する行為があったときなどに、その場ですぐ注意をし、是正措置を取る必要がある。つまり、3現3即3徹で指摘・指導することが重要なのだ。3現3即3徹とは、現場・現実・現物を重視し、即時・即座・即応（その時点で、その場で、即行動）で、徹頭・徹尾・徹底（初めから終わりまで徹底して取り組む）することである。

　また、問題行動は躊躇せずに叱ることが大切だが、目的・理由をきちんと説明しなければ、同じ間違いを繰り返してしまうことになる。なぜ必要なのか？を納得させることが重要なのだ。ちなみに、「叱る」とは感情にまかせて怒りをあらわにする「怒る」という行為とは別もの。あくまで「指導」であり、相手の成長を期待するものでなければならないのである。

　躾は、整理・整頓・清掃・清潔（4S）の土台となる重要なものだ。ぜひ、現場力向上にむけた躾の確立を進めてほしい。

（顯谷　敏也）

第**4**章

見える化でミス、ムダ、モレをなくす

1. 見える化のポイント

(1) 見える化とは何か

　見える化とは、「種々の情報を図や形、グラフ、色の区分などの見やすい方法に置きかえることによって、一目で正しい判断ができる仕組み」のことをいう。

　生産現場で仕事をしていると、あらゆる場面で判断が求められる。品質の良し悪しやモノの流し方、生産の順番、安全性、工程の流し方、ヒトの動かし方など、数え上げるときりがない。これらの判断によって、収益性や生産性が左右されたり、安全性や設備の稼働率が決定されたりするのである。

　生産現場において必要な品質を確保し、納期を厳守し、コストを低減させていくためには、一つひとつの判断が正しく行われ、間違いがないことが必要である。しかし現実には、判断の間違いにより不良が発生し、在庫が過大になり、設備が止まり、手待ちが続発しているのだ。そして、これらの不具合によって多くのムダが発生しているのが実情なのである。

　これらの判断ミスの原因を分析すると、その多くは、思い違いやチェック漏れなどのちょっとしたヒューマンエラー（人為的ミス）に行きつくことが多い。ちょっとした見落としや勘違い、慣れによる手抜き、計算間違いなどによって重大な事故や不良に結びついているのである。

　とくに、文字を読んだり、考えたり、計算したりしなければならない場合にはヒューマンエラーの発生する確率はさらに高まる。ヒューマンエラーをなくすには、文字を読んだり、考えたり、計算

しなくても正しく判断できる仕組みが必要なのである。

その仕組みが"見える化"である。つまり、"見える化"とは、仕事のミスやムダ、モレをなくし、企業の生産性を高めるための手法なのである。

(2) ムダには7つある

企業活動を行っているといろいろなムダに遭遇する。生産現場では7つのムダがあまりにも有名である。これは大野耐一氏などがトヨタ生産方式として体系化している。

トヨタ生産方式の7つのムダとは、①つくりすぎのムダ、②手待ちのムダ、③運搬のムダ、④加工そのもののムダ、⑤在庫のムダ、⑥動作のムダ、⑦不良をつくるムダのことで、「付加価値を高めない現象や結果」と定義されている。

製造業が生産性を高めるためには、これらのムダをなくすことが必要である。そして、その手段として有効なものが"見える化"なのである。

生産計画や進捗状況をグラフ化したり、現品置き場を明確にすることで、つくりすぎを一目でわかるようにする、在庫状況を現品そのものを見ることで分かるようにする、モノの置き場を定跡化することで探す動作をなくしていく、品質の良し悪しを見本化することで不良に気づく仕組みをつくる、などムダの排除に見える化は極めて有効である。

(3) ムダの最大の原因はモレ

生産活動の不具合の原因のひとつにモレがある。モレとは「あるべきものが抜け落ちること」と『大辞泉』(小学館)で説明されて

いる。ムダが重複や過剰による不具合なのに対して、モレは抜け落ちること、不足することによる不具合である。本来は確認しなければならないチェック項目が抜け落ちることや必要な作業手順を飛ばしてしまう。さらには、やらなければならないとわかっていることを手抜きして省略することがある。

これらのモレが原因でミスが発生し、不良品が社外に流出するのである。業務のミスが発生し、やり直しが起こり、ムダが発生するのだ。不足が過剰を生み出す結果になるのである。モレがミスを生み、ミスがムダを生み、生産性の低下や品質の悪化、コストアップ、納期遅れが発生する。その結果、収益性の悪化につながっていくのである。

それでは、モレの原因にはどのようなことがあるのだろうか？

その原因をつき詰めていくと、ど忘れと怠慢の2種類があることが分かる。ど忘れは、わかっていることをふと忘れてしまうこと。ちょっとした物忘れのことである。あってはならないことだが悪意があるわけではない。むしろ、モレがないように見える化などの対策をしていない会社側に落ち度があるのだ。このようなど忘れがないようにするために、チェックリストや手順書があるが、ランプや回転灯、音声やブザーなどのど忘れ防止が必要である。いわゆるポカヨケと呼ばれるものである。

一方、怠慢、つまり、わかっているけれどもやらない行為がある。チェックしなければならないことはわかっているけれど、今までうまくいっているため「確認しなくてもいいだろう」という気持ち、「たぶん大丈夫だろう」という思い込み、「面倒くさい」という考え。わかっているのにやらないモレはルール違反である。簡単に見過ごされる行為ではないが、現実には怠慢によるモレが圧倒的に多いの

である。

　怠慢によるモレを防止するには、モレがすぐにわかる仕組みが必要である。それが、チェックの見える化である。チェック項目を明確にし、そのチェック項目ごとに目で見る管理を実施するのである。図や表、光、音などを使ってチェックをしたかどうかが分かる仕組みを構築していくのである。

　怠慢によるモレを作業者のせいにするのではなく、モレない仕組みが必要なのである。

2. 見える化の分析項目

　関西ものづくり支援パートナーズで実施している HEPTA では、見える化の分析項目として「管理」、「装置」、「作業」、「品質」の4つの項目がある。

(1) 管理の見える化

　「管理の見える化」とは、生産性を向上させ、収益性の向上を図るための手段としてのマネジメント（管理）を目で見えるようにして実施することである。そのためにも見える化の目的を明確にし、生産計画や生産実績、生産効率、不良数などの管理項目の掲示など、全員で共有すべき情報を見えるようにすることが必要である。さらに、掲示期限を決めて常に最新の情報に更新したり、改善の取組みの、改善前／改善後が分かるようにしたり、朝礼・終礼などで表示・掲示を活用するなどの工夫が必要になってくる。

第4章　見える化でミス、ムダ、モレをなくす　53

(2) 機械・装置の見える化

「機械・装置の見える化」とは、機械や設備、装置の稼働などが最適なものになるように、稼働や停止の状況、その原因などが目で見えて、すぐに対応できるようにすることである。そのために、工場全体のレイアウトや生産状況、稼働状況、異常がすぐにわかるようにするとともに、工具や道具、測定具、治具などを定位置化するなど、使いやすいように工夫することが必要となる。

(3) 作業の見える化

「作業の見える化」とは、作業者の動きを最適にするために、作業の状況や作業効率などが目で見え、すぐに対応できるようにすることである。そのためには、書類の汚損や破損をなくし、作業エリア・保管エリア・通路を確保し、治具や工具が取り出しやすい場所にあり、仕掛品や製品の置き場所が把握されているなど、工程や動線、作業のやり方、人材の習熟度、在庫、発注点などがすぐにわかるようにしておくことが必要になる。

(4) 品質の見える化

「品質の見える化」とは、必要な品質を確保し、不良が発生しないようにするために、品質に関する状況が目で見えて、すぐに対応できるようにすることである。そのためには、品質に関する目標や現状の定量的データ、合格品・不合格品の区別、測定器の有効期限、品質限度などがすぐにわかるようにするとともに、不用品が混同するなどの不具合が発生しないようにすることである。また、不具合が発生した場合の再発防止策や注意喚起をすすめていくことが必要になる。

54

　これらの4つの項目をチェックし、改善する仕組みがHEPTAである。そのために、次の項目をチェックすることが必要である。

図表4-1　見える化に関するチェック項目

項目	チェックポイント
管理	見える化の目的が明確化されている
	生産計画、実績、生産効率、不良数などが管理されているか
	掲示板への表示期限が決められ、更新されているか
	改善の取組みが、改善前／改善後が分かるように明示されているか
	朝礼・昼礼・終礼などで表示・掲示が活用されているか
機械装置	稼働装置と休止装置が一目でわかるようになっているか
	現在生産中の製品の種類・ロットが明示されているか
	機械装置のメーター類に適正範囲がわかる表示がされているか
	機械装置、刃具等のメンテナンス時期が明示されているか
	機械装置の保守ツールの置き場所が明示されているか
作業	書類が汚損・破損していないか
	作業エリア・保管エリア・通路が表示されているか
	治具・工具の置場が表示されているか
	仕掛品に製品名・ロット・数量・次工程が明示されているか
	不具合発生時に広く知らせる仕組み（あんどんなど）がなされているか
品質	発生した不具合の内容が掲示されているか
	品質目標及び現状が定量的に明示されていか
	類似の部品などが混同しない仕組みがあるか
	トラブルを起こしやすい製品の指示書に注意喚起がなされているか
	合格品・不合格品が一目で区別できる表示がなされているか

　さらに、簡易版ではこれらのうち、下記の項目をチェックする。

第4章　見える化でミス、ムダ、モレをなくす　　55

図表 4-2　見える化に関するチェック項目（簡易版）

項目	チェックポイント
管理	生産計画、実績、生産効率、不良数などが管理されているか
機械装置	現在生産中の製品の種類・ロットが明示されているか
作業	治具・工具の置場が表示されているか
品質	品質目標及び現状が定量的に明示されていか

　これらの4つの見える化を推進することで、高い生産性を実現することができるのである。

3. 見える化の平均点

　HEPTA 簡易版のこれまでの分析結果の平均値は下記の通りである（2017 年 4 月末現在）。

図表 4-3　見える化の平均点と点数分布

7項目	平均点 (16点満点)
5S	8.6
見える化	10.0
流れ化	8.6
情報化	9.2
品質	10.0
資材購買	8.0
現場活性化	7.6

	28項目	合計点数 (4点満点)
見え る 化	管理	2.5
	機械装置	2.7
	作業	2.5
	品質	2.3

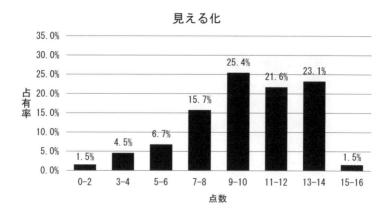

　HEPTAの7項目のうち、見える化は品質とならんで最も高い得点（平均10.0点）であり、製造業での生産性向上活動で一番普及している項目である。これは、生産現場における環境づくりの一環として取り組むことが多く、さらに情報技術や関連商品の普及により見える化が取り組みやすくなってきているためといえるであろう。また、見える化の点数分布を示すと上図の通りである。

　つぎに、見える化の中項目を見ると、管理、機械装置、作業、品質ともに2.3～2.7点であり、4項目に平均して取り組んでいる姿が浮かんでくる。また、中項目の見える化の分布を示すと下記の通りである。

（1）管理の見える化

図表 4-4　管理の点数分布

4点	生産計画、実績、生産効率、不良数などを明示しており、かつ定期的に明示方法の見直しがなされている	11.9%
3点	生産計画、実績、生産効率、不良数などが明示されている	46.3%
2点	実績、生産効率、不良数などが収集されているが明示されていない	26.9%
1点	実績、生産効率、不良数などを収集するルールはあるが、実行できていない	9.0%
0点	実績、生産効率、不良数などを収集するルールがない	6.0%

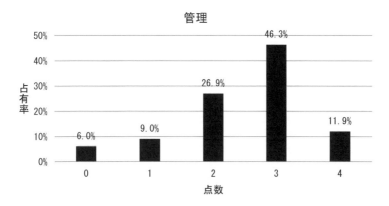

　管理の見える化は、半数以上（58.2%）の企業が3点以上を付けており、管理項目である生産計画、実績、生産効率、不良数などが明示されている状況が見られる。ただし、41.9%（0～2点）の企業はこれらを明示できていない現状も見受けられる。

(2) 機械装置の見える化

図表 4-5　機械装置の点数分布

4点	現在生産中の製品の種類・ロットが明示されており、定期的に見直しがなされている	13.5%
3点	現在生産中の製品の種類・ロットが明示されている	64.7%
2点	現在生産中の製品の種類・ロットを明示するルールがあり、周知されているが実行されていない	8.3%
1点	現在生産中の製品の種類・ロットを明示するルールはあるが周知されていない	1.5%
0点	現在生産中の製品の種類・ロットを明示するルールがない	12.0%

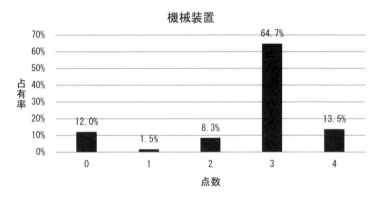

　機械装置の見える化は、78.2%の企業が3点以上を付けており、生産中の製品の種類・ロットが明示されている状況が見られる。

(3) 作業の見える化

図表 4-6　作業の点数分布

4点	モノ（原料・仕掛品・製品）、道具（機械・工具・治具）が表示され、表示方法の定期的な見直しがなされている	11.3%
3点	モノ（原料・仕掛品・製品）、道具（機械・工具・治具）が表示されている	48.9%
2点	モノ（原料・仕掛品・製品）、道具（機械・工具・治具）の表示ルールがあり、周知されているが実行されていない	25.6%
1点	モノ（原料・仕掛品・製品）、道具（機械・工具・治具）を表示するルールはあるが周知されていない	6.0%
0点	モノ（原料・仕掛品・製品）、道具（機械・工具・治具）を表示するルールがない	8.3%

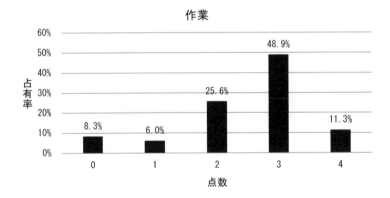

　作業の見える化は、60.2％の企業が3点以上を付けており、モノ（原料・仕掛品・製品）、道具（機械・工具・治具）が表示されている状況が見られる。ただし、39.9％（0～2点）の企業はこれらを明示できていない現状も見受けられる。

(4) 品質の見える化

図表 4-7　品質の点数分布

4 点	品質目標及び現状が定量的に明示され、定期的な見直しがなされている	19.4%
3 点	品質目標及び現状が定量的に明示されている	38.1%
2 点	品質目標及び現状を定量的に明示するルールがあり、周知されているが実行されていない	18.7%
1 点	品質目標及び現状を定量的に明示するルールはあるが周知されていない	5.2%
0 点	品質目標及び現状を定量的に明示するルールがない	18.7%

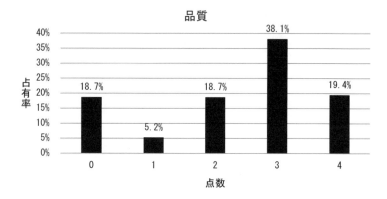

　品質の見える化は、57.5%の企業が3点以上を付けており、品質目標及び現状が定量的に明示されている状況が見られる。ただし、42.6%（0～2点）の企業はこれらを明示できていない現状も見受けられる。

4. 見える化に関する事例

(1) 見える化に関する良い事例

次のデータは見える化のスコアが平均よりも優れていると評価された事例である。

図表 4-8　見える化のスコアが平均よりも高い事例

7項目	当社 (16点満点)	平均点 (16点満点)
5S	4	8.6
見える化	14	10.0
流れ化	8	8.6
情報化	11	9.2
品質	10	10.0
資材購買	11	8.0
現場活性化	8	7.6

28項目	当社 (4点満点)	平均点 (4点満点)
管理	3	2.5
機械装置	3	2.7
作業	4	2.5
品質	4	2.3

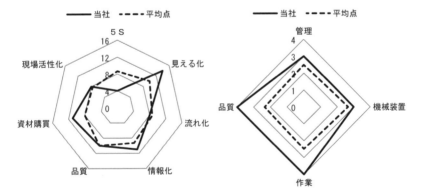

この会社は、7項目のうちでは見える化のスコアがとくに高く、5S、流れ化、現場活性化のスコアが低くなっている。見える化が5Sや流れ化と連動していないことがうかがえ、せっかくの見える化の活動の成果が十分に表れていないようである。見える化の中項

目では、作業と品質は満点であり、これらを重視し、継続的な改善が行われている。今後は3定や現場のレイアウトなど大項目である5Sや流れ化、品質にも連動した見える化をすすめることを提案する。

(2) 見える化に関連する悪い事例

　次のデータは見える化のスコアが平均よりも劣っていると評価された事例である。

図表4-9　見える化のスコアが平均よりも低い事例

7項目	当社 (16点満点)	平均点 (16点満点)
5S	11	8.6
見える化	5	10.0
流れ化	12	8.6
情報化	14	9.2
品質	9	10.0
資材購買	15	8.0
現場活性化	7	7.6

	28項目	当社 (4点満点)	平均点 (4点満点)
見える化	管理	2	2.5
	機械装置	0	2.7
	作業	3	2.5
	品質	0	2.3

　この会社は、7項目のうち、見える化のスコアがとくに低く、資材購買、情報化、流れ化のスコアが高くなっている。資材購買、情報化、流れ化の推進の中で見える化を導入すると、さらに生産性の

第4章　見える化でミス、ムダ、モレをなくす　　63

高い現場が実現できそうである。見える化の中項目の中では機械装置、品質は0点であり、極端に低い評価である。作業の見える化は実施しているようであり、現場の作業面のみならず、あらゆる活動に水平展開を図るべきである。

5. 改善策

(1)「管理の見える化」

「管理の見える化」のためには、何を管理するかを明確にすることから始まる。

売上高や生産高、生産数量、付加価値額、経常利益といった損益面の項目、稼働率や可動率、単位当たりの付加価値額などの生産性指標、進捗度や完成度、納入率などの工程管理指標、不良率や不良金額などの品質指標、温度や湿度などの環境指標など多岐にわたる。

そして、これらの指標を管理するためにはあるべき姿や目標を明確にする必要がある。

本来あるべき売上高はいくらなのか？　今日中に生産すべき数量はいくらなのか？　機械の可動率は何％であるべきなのか？不良率は何％以下にすべきなのか？基準となる温度は何度なのか？管理をするためには基準となるあるべき姿、あるべき数値を明確にする必要がある。

つぎに管理項目である数値を素早く正確に把握することである。現在の生産数量、生産額、不良数、稼働状況など、管理するためには現状をつかむ仕組みが必要である。

そのためには、情報機器やシステムの整備が有効である。その結

果を図やグラフ、目盛などに変換することも重要である。最近では
LED表示器や液晶パネル、パソコンなどでビジュアルにしたり異
常が発生すると音で知らせる仕組みもある。

　あるべき姿や目標と現状の姿を比較して、問題があればすぐに発
見でき、問題を是正することが目で見てすぐにできる仕組みこそ
「管理の見える化」なのである。

(2) 「装置の見える化」

　「装置の見える化」は、設備や装置の操作方法や稼働状況、異常
などが視覚的にわかる仕組みのことである。光や音、表示によって
操作でき、また自動で動くようにすることで生産性が高まり、ミス
がなくなり、モレやロスが防げるのである。人間の記憶や判断は時
によって思わぬミスを招くことがある。ヒトによる判断ミスを防ぐ
ためにも、稼働装置と休止装置が一目でわかるようにする、生産中
の製品の種類・ロットを明示する、機械装置のメーター類に適正範
囲がわかる表示をする、機械装置、刃具等のメンテナンス時期を明
示するなど、設備や装置に関する表示や明示などをすることが必要
なのである。常に最適な生産状況を維持し、ミスのない現場をつく
るためにも、「装置の見える化」をすすめるべきである。

(3) 「作業の見える化」

　「作業の見える化」は最適な作業が維持できるように、工程や動
線、作業のやり方などがすぐにわかるようにすることである。その
ためには、見えるようにするべきルールや基準、標準が必要になる
が、それに先立って工程や作業の改善が前提となる。工程や作業の
改善のためには工程分析、移動分析、マン−マシン分析、作業分析、

第4章　見える化でミス、ムダ、モレをなくす　　65

動作分析などを実施することである。これらの分析によりルールや基準、標準、作業の最適な方法を見えるようにする。工場全体に工程の流れを掲示や表示したり、作業標準書や作業マニュアルをビジュアルに作成する。最近では動画による標準書も増えてきた。

　設備の操作方法を誰でもわかるようにする。入庫や出庫方法のマニュアル化も必要である。

　企業で行われるすべての作業を見直し、最適な方法に改め、それを見えるようにするのである。ひとつずつ、モレなく、地道に取り組むことが重要である。

(4)「品質の見える化」

　「品質の見える化」は、必要な品質を確保し、不良が発生しないようにするために、必要なデータや現物等がすぐにわかるようにすることである。

　そのためには、品質基準を実現するためのルールの明確化が必要である。設計図や仕様、公差等の品質データ、見本品や品質限度などの基準を見える化するとともに、実測値などの現品の実際をわかりやすく表す必要がある。

　基準と実際をわかりやすくすることで、不具合や不良を排除するのである。出荷前検査のみならず工程内のすべての段階で誰でもすぐに不良が発見される仕組みが必要なのである。

　計測結果のデジタル化やビジュアル化、さらに検査自体を自動化することで品質を制御する仕組みもある。

　不良品を後工程に送らない方法の他に、モノの置き方や作業のすすめ方の見える化により、不良を未然に防ぐ取組みも増加している。

　寸法はずれのものは次の工程に入らないゲージや送り口、設備が

ストップする仕組みなど、だれでも判断できる仕組みが多くの現場で取り入れられているのである。

【参考文献】
・「大辞泉」小学館
・大野耐一（1978）「トヨタ生産方式」ダイヤモンド社
・太田一樹、福田尚好 編（2013）「コンサルティングの基礎」同友館
・太田一樹、福田尚好 編（2013）「コンサルティングの作法」同友館

（内藤　秀治）

第5章
流れ化でムダなく、
スムーズな現場を作る

第5章　流れ化でムダなく、スムーズな現場を作る　　69

1. 流れ化とは

　「流れ化」という言葉は通常あまり耳馴染みのない言葉かもしれない。HEPTAでは「流れ化」という言葉を製造工程でものの流れをスムーズにすること、という意味で使用している。これが製造現場をより良く改善していくうえで大切なことなのだ。ものの流れをスムーズにするということは、材料や副資材、仕掛品や製品が会社の中で停滞していたり、逆に欠品して流れが途絶えたりせずに、粛々と生産が進んでいるということである。

　では、製造現場でものの流れをよくすることができれば、いったいどういったメリットがあるのだろうか？　流れがスムーズだと、受注して製造が始まってから完成して出荷するまでの期間が早くなるだろう。そうすれば、当然納期も短くなる。これは顧客満足というメリットにつながってくる。また、途中に滞留している仕掛品や材料、製品在庫が少なくなるだろう。そうなると、余計な棚卸資産にお金を費やしてしまっているということはなくなり、効率よくお金を使うことができる。また、生産終了時の残存品の問題も少なくなり、在庫品の経年劣化の心配も少なくなるだろう。これらも重要なメリットとなる。また、流れ化が進むことで、逆に途中の工程で処理するものが前工程から流れてこないために全然無く、設備や作業者が遊んでしまっているということも減ってくる。これは、作業者の手待ちの抑制や、設備の稼働率の向上に寄与し、生産効率を向上させることにつながってくる。このようにものの流れを改善することで様々なメリットを得ることができる。裏を返せば、ものの流れの改善はこれらのメリットを意識して進めることで成果が期待で

きるということになる。一定したペースで速く流れて、かつ途中で滞ったり、流れがなくなったりすることがない方が良いのである。

図表 5-1　流れ化のメリット

流れ化のメリット
・短納期 ・在庫（材料、仕掛、製品）削減 ・手待ち（設備、作業者）の減少

　次に流れの改善の着眼点の一つとして、製造のリードタイムについて考えてみる。流れを改善すれば、リードタイムが短くなり、納期短縮や仕掛在庫削減といったメリットが出やすくなる。ということは、受注してから納品するまでの時間を短くできるように、現場の改善をすすめるという視点が必要だということになる。そのためには、何をしていけば良いのだろうか。当然ながら、一つひとつの工程でかかる時間を縮めることが挙げられる。作業の動作の改善や、仕掛品や工具の配置等を工夫して、少しでも短い時間で作業を済ませることができるようにしたいところだ。動作改善、マニュアル化、5S といった活動がそのための手法となってくる。また、工程間の運搬時間も短縮したい。工場のレイアウトや運搬具の改善にも手を付ける必要があるかもしれない。それ以外にも、工程で必要な部品が必要な時に入ってきている必要がある。当然ながら、材料や部品の入着待ちがあるとトータルのリードタイムが伸びてしまうことがあるからである。この点を考えると、材料在庫の管理や外注先の管理も関係してくることがわかる。在庫をたくさん持てば持つほど良いという訳では無いことは読者の皆様はすでに十分ご承知かと思うが、欠品のリスクと過剰在庫のトレードオフをどのように上手く工夫するかが求められる。こう考えていくと、仕入先や外注先

第5章　流れ化でムダなく、スムーズな現場を作る　　71

の製造リードタイムも短い方がありがたいことがわかる。場合によってはそのために自社から製造のフォーキャスト（予測）を出すことや、生産計画の共有も検討した方が良いかも知れない。このように、流れの改善では製造リードタイムを短くすることを目標の一つにおいて取り組むのも良いだろう。

2. 流れ化の分析項目

HEPTA ではこの流れ化の取り組みについて、

　①生産計画
　②生産統制
　③工場レイアウト
　④作業方法

の4つの観点から評価する。

　ここまでで見てきたように、流れ化とはものの流れをスムーズにすることであり、そのためにはリードタイムを短縮し、手待ちを解消し、粛々と生産を進めることが大切だ。そうすれば、短納期化や在庫削減、効率改善といったメリットが得られる。その取り組み状況を評価するためにこれらの観点が選ばれている。それぞれの内容について、次から説明していこう。

（1）生産計画
　現場の流れを評価する項目の1番目は「生産計画」だ。

工場では沢山の作業者が関与し、複数の工程を経て生産を行うことが一般的だ。工程の途中に外注の工程が入ることもしばしばある。こういった状況で、スムーズにものを流そうとすれば、計画的に処理を行う必要があることは明白である。

工程の改善は加工している工程だけが対象になる訳ではない。運搬、検査、貯蔵といったところにも着目して分析し、必要に応じて改善の対象にしていかねばならない。

「流れ化」には、生産計画の立案とその実行と生産プロセス自体の継続的改善が求められるということになる。

(2) 生産統制

現場の流れを評価する項目の2つめは「生産統制」である。ここでの生産統制とは生産計画通りに生産活動が進むように進捗状況を把握してトラブルや計画からの逸脱が生じた際には必要に応じて処置を講じることである。

したがって、生産の状況をモニタリングする為のデータを収集することができる仕組みを整備し、計画通りに進捗していないことがわかった時に是正していく仕組みを持っているかどうかを評価しているということになる。

(3) 工場レイアウト

工場レイアウトの項目では、工場における配置最適化の基本であるレイアウト図の存在や、加工の順番を意識しているか、人、ものの流れを意識しているかを確認することが大切となる。さらに台車やフォークリフトといった運搬具の動きについてもチェックしたい。

（4）作業方法

ここでは作業者の作業を見ることが重要だ。作業姿勢を見ること、手待ち状態になっていないかどうか、監視状態になっていないかどうか、これらのポイントを確認することで作業改善の進み具合を確認する。さらにそもそも作業方法改善を常に行っているかどうか、作業方法の改善が金額面での改善につながるかどうかをチャージレート（賃率）を通じて意識することを確認しよう。

従って、HEPTA 詳細版の項目は下記の通りとなっている。

図表 5-2 「流れ化」のチェックポイント

項目	詳細版
生産計画	受注予測や在庫計画等に基づいて、生産計画（数量・納期）が立てられているか
	受注予測は定期的に見直しがされているか
	工程単位ごとの日々の生産計画が作成されているか
	日程計画の精度は製品品種に対して適正か（日単位、半日単位、時間単位）
	加工・運搬・検査・停滞（貯蔵）の単位で工程を細分化し、分析を行っているか
生産統制	工程単位ごとの進捗状況を把握する仕組みがあるか
	生産計画とのズレが発生した時に対策する仕組みがあるか
	材料及び仕掛品の所在と数量を把握できる仕組みがあるか
	人・機械の能力と仕事量を把握し余力調整を図っているか
	生産実績データを収集し、成績、能率の良否を判定しているか
工場レイアウト	最新版の工場のレイアウト図はあるか
	加工工程の順番（受け入れから出荷）に沿った効率的なレイアウトになっているか
	人員の動き（動線）にムダはないか
	運搬具の動き（動線）にムダはないか
	材料及び仕掛品の動き（動線）にムダはないか
作業方法	作業姿勢に負荷がかかりすぎてムリはないか
	作業方法の工夫を絶えず行っているか（作業時間の短縮による原価低減）

工場レート（1時間当たりのチャージレート）を認識して時間内に作業を終える意識が出来ているか	
手待ち状態になっていないか	
監視状態になっていないか	

また、簡易版では下記のチェック項目となっている。

図表 5-3　簡易版の流れ化のチェックポイント

項目	簡易版
生産計画	工程単位ごとの日々の生産計画が作成されているか
生産統制	生産計画とのズレが発生した時に対処する仕組みはあるか
工場レイアウト	工程の順番（受け入れから出荷）に沿った効率的なレイアウトになっているか
作業方法	作業方法の改善を絶えず行い、作業時間の短縮を図っているか

③. 流れ化の平均点

HEPTA 簡易版における平均点は次のようになっている（2017年4月末現在）。

図表 5-4　流れ化の平均点と点数分布

7項目	平均点 （16点満点）		28項目	合計点数 （4点満点）
5S	8.6		生産計画	2.6
見える化	10.0	流れ化	生産統制	2.0
流れ化	8.6		工場レイアウト	2.0
情報化	9.2		作業方法	2.1
品質	10.0			
資材購買	8.0			
現場活性化	7.6			

第5章　流れ化でムダなく、スムーズな現場を作る

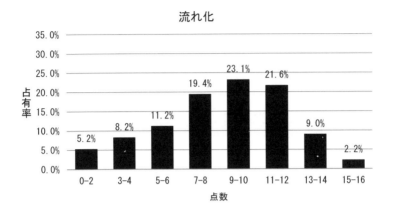

流れ化は8.6点と16点満点中半分より少し高い程度の点数となっている。7項目の中の順位では5Sと同点であり、下から3番目で上から4番目の点数である。

流れ化の中では、生産計画の数値が2.6点と高い他はほぼ2点となっている。生産計画については計画は作成しているものの、計画の見直しまでは行っていない。生産統制はズレが発生した時に実質的に迅速に対処できていない。レイアウトや効率性は意識しているもののムダはまだ見受けられる。作業方法を改善することにはなっているが実質的に機能していない。といった工場が平均的な回答の工場像になってくる。

これはつまり、まだまだ流れ化の面で改善の余地がある工場が多いということに他ならない。

図表 5-5 生産計画の点数分布

4点	工程単位ごとの日々の生産計画を作成しており、計画の見直しを行っている	23.9%
3点	工程単位ごとの日々の生産計画を作成している	41.0%
2点	工程単位ごとの日々の生産計画を作成するルールになっており、周知されているが、実行できていない	17.2%
1点	工程単位ごとの日々の生産計画を作成するルールになっているが、周知されていない	7.5%
0点	工程単位ごとの日々の生産計画を作成していない	10.4%

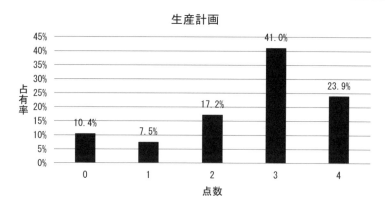

図表 5-6 工場レイアウトの点数分布

4点	工程は効率的なレイアウトであり、かつ定期的に見直しがなされている	6.0%
3点	工程は効率的なレイアウトである	15.7%
2点	レイアウトは効率性は意識されているが、一部でムダが見受けられる	55.2%
1点	レイアウトは効率性は意識されているが、ムダが多く見受けられる	17.9%
0点	レイアウトは効率性は意識していない	5.2%

第5章　流れ化でムダなく、スムーズな現場を作る

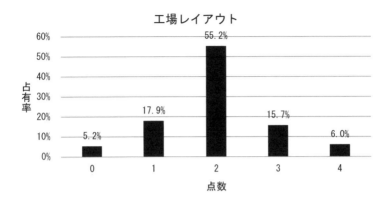

図表 5-7　生産統制の点数分布

4点	生産計画とのズレが発生した時に対処する仕組みがあり、運用され、仕組みの見直しを行っている	4.5%
3点	生産計画とのズレが発生した時に対処する仕組みがあり、運用されている	39.6%
2点	生産計画とのズレが発生した時に対処する仕組みがあり、周知されているが、運用できていない	23.9%
1点	生産計画とのズレが発生した時に対処する仕組みはあるが、周知されていない	11.9%
0点	生産計画とのズレが発生した時に対処する仕組みはない	20.1%

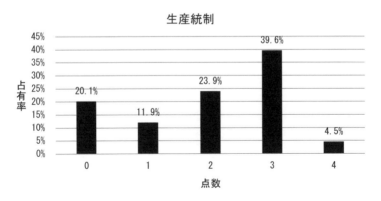

図表 5-8　作業方法の点数分布

4点	作業方法を改善する仕組みがあり、運用され、かつ定期的に見直しがなされている	9.7%
3点	作業方法を改善する仕組みがあり、運用されている	32.1%
2点	作業方法を改善する仕組みがあり周知されているが、運用されていない	29.1%
1点	作業方法を改善する仕組みはあるが、周知されていない	13.4%
0点	作業方法を改善する仕組みはない	15.7%

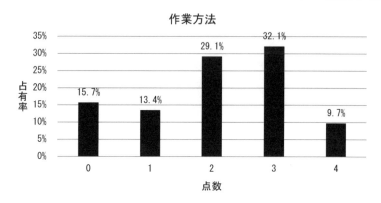

　また、流れ化各項目の点数の分布を見てみよう。生産計画と生産統制、作業方法では3点がピーク値になっているのに対し、工場レイアウトは2点がピークになっている。取り組みが生産計画や生産統制、作業方法と比較して手薄になりがちな傾向が見られる。

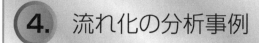

流れ化の分析事例

(1) 事例1

　下のデータは一つのサンプルデータである。

第5章 流れ化でムダなく、スムーズな現場を作る

図表 5-9 流れ化のサンプルデータ 1

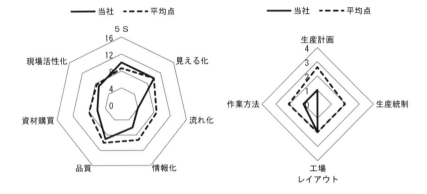

7項目	当社 (16点満点)	平均点 (16点満点)
5S	10	8.6
見える化	10	10.0
流れ化	4	8.6
情報化	6	9.2
品質	9	10.0
資材購買	6	8.0
現場活性化	7	7.6

	28項目	当社 (4点満点)	平均点 (4点満点)
流れ化	生産計画	1	2.6
	生産統制	0	2.0
	工場レイアウト	2	2.0
	作業方法	1	2.1

見える化や5S、品質に熱心に取り組んでいる反面で流れ化に課題があることが見えている。

この例では生産計画の立案及び運用に課題があることから、流れ化の点数が低いといえる。加えて、生産効率を上げるための作業改善に取り組む余地がある。

5Sや品質と比較して生産管理やレイアウト、作業方法をものの流れの視点から考えるということは企業によっては死角になっていることがある。HEPTAのチェックによってこのような死角に気が付くことができるのではないだろうか。

(2) 事例2

次のデータは、資材購買と合わせて改善点が浮き彫りになる例である。

図表5-10 流れ化のサンプルデータ2

7項目	当社 (16点満点)	平均点 (16点満点)
5S	10	8.6
見える化	8	10.0
流れ化	5	8.6
情報化	6	9.2
品質	9	10.0
資材購買	5	8.0
現場活性化	7	7.6

28項目	当社 (4点満点)	平均点 (4点満点)
生産計画	1	2.6
生産統制	1	2.0
工場レイアウト	2	2.0
作業方法	1	2.1

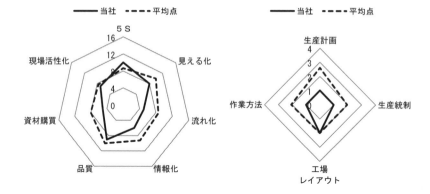

 この例では5Sの項目で平均値を上回っているが、流れ化や資材購買で平均値を大きく下回っている。また情報化も平均値を下回っている。仕入先、外注先を含めた工場の生産管理に課題があるようだ。仕組みはあるものの周知されておらず、実際に機能していないことが課題と考えられる。
 この企業では5S活動が流れ化にはつながっていないと推測される。ただし工場レイアウトが生産計画や生産統制、作業方法よりも

第5章　流れ化でムダなく、スムーズな現場を作る

高い点数なのは5Sの取り組みの好影響といえるかもしれない。

また、部品や材料のサプライヤー、外注先との連携やそれらの管理によってスムーズにものを流すためには課題がかなり大きいことがわかる。

(3) 事例3

次のサンプルは、流れ化の評価が高い例である。

図表5-11　流れ化のサンプルデータ3

7項目	当社 (16点満点)	平均点 (16点満点)
5S	11	8.6
見える化	7	10.0
流れ化	10	8.6
情報化	5	9.2
品質	3	10.0
資材購買	4	8.0
現場活性化	5	7.6

	28項目	当社 (4点満点)	平均点 (4点満点)
流れ化	生産計画	3	2.6
	生産統制	3	2.0
	工場レイアウト	1	2.0
	作業方法	3	2.1

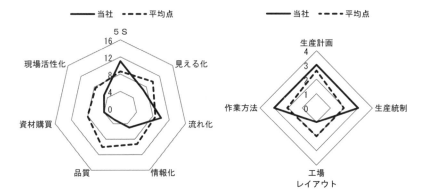

5Sと流れ化の項目が高い点数となる一方、品質や資材購買で評価が低くなっている。仕入先、外注先を含めた工場の品質管理に課題があるようだ。

この企業では生産管理や5Sがしっかりとできているものの、品質改善を追求できる体制にはなっていないことがわかる。

5. 流れ化に関する改善の方策

　ここまで、流れ化についていくつかの事例を見てきた。では、流れ化を進めるためにはどのような方策があるのだろうか。ここでは、流れ化の各項目についての方策を考えていこう。

(1) 生産計画

　生産計画の改善は、まずはものの管理の単位を決めることである。ロット単位でも、個別の製品単位でも製品の特性に合わせて選べばよいが、管理単位を決める必要がある。

　その上でそれらをどのように流すのか、生産計画を立ててそれを表やガントチャート等で示していく。生産計画を立てるのは工場長や製造部長など工場を統括する立場の人が責任を持つのが良い。

　完成した生産計画は現場で共有できるように生産管理板や掲示板、ディスプレイ等で作業者が見ることができるようにする。そして、生産の進捗状況に合わせてそれらを更新していこう。

(2) 生産統制

　計画を立てたら日々の環境や情報の変化に合わせてその計画を更新、是正していく。外注からの納入が遅れる、作業者が休暇を取る、様々な理由で生産計画は変わっていくのが当然である。現時点での計画に組み直しすることを続ける必要がある。

第5章　流れ化でムダなく、スムーズな現場を作る　　83

　また、生産を是正すべき情報は早めに、確実に入手できる体制を組むことも重要である。営業や取引先、作業者からそれらの情報が速やかに伝わるようにしておく。

(3) 工場レイアウト

　工場レイアウトは、まずは現時点でのレイアウト図を作成しておこう。工場の配置の最適化の基本なので、新規設備の導入の際などにそれを活用していく。レイアウト改善においてはもの、人、運搬具の動線をレイアウトを元に考えることが重要である。

(4) 作業方法

　作業方法はまず標準的な作業が手順書等で規定されているかを確認する。それがなければ、まずそれを規定することから始めるべきである。その上で、その作業方法をベースにさらに良くするにはどうすれば良いかを考えていく。作業者からの提案を受け付けるのも良い。

　改善にあたっては、作業者の動きの改善、ものの配置の改善等どんな視点からの改善でも良いので広い視野で検討すると良いだろう。

（島田　尚往）

第6章

現場で活かせる
情報化のすすめ方

第6章　現場で活かせる情報化のすすめ方　　87

1. 情報化のポイント

(1) 情報化とは何か

　「情報」という言葉には、データ（data）、インフォメーション（information）、インテリジェンス（intelligence）の3つの意味があるといわれている。

　データ（data）とは、物事の意味を生みだすための素材のことであり、データそのものに意味があるわけではない。たとえば、機械の稼働時間や生産数量、売上金額などのデータはそれ自体では意味を持たない。これらのデータを意味あるものにしたものがインフォメーション（information）である。これまでの推移や平均値との比較、他社との対比、個別のデータの組み合わせなど、データを分析することでそこに意味を持たせるのである。「前日と比べて生産性は向上したのか、低下したのか？」「生産数量は平均値を上回っているのか、下回っているのか？」「昨年と比べて売上高は増加しているのか、低下しているのか？」。バラバラのデータを加工し、分析することで意味のある情報、すなわちインフォメーションになるのである。

　インテリジェンス（intelligence）は「知性」や「知能」と訳されることがあるように、インフォメーションにこれまでの経験や定性的な判断を付加して意思決定を行う体系のことである。目的に対して正しい解決策を導き出す仕組みともいえる。

　ものづくり企業においても、品質基準やものの流し方、生産の順番、安全性、工程の流し方、ヒトの動かし方など、正しい意思決定を行うためにも、データをインフォメーションに、インフォメー

ションをインテリジェンスにするための仕組みが必要なのである。

図表6-1　情報化の3つのステップ

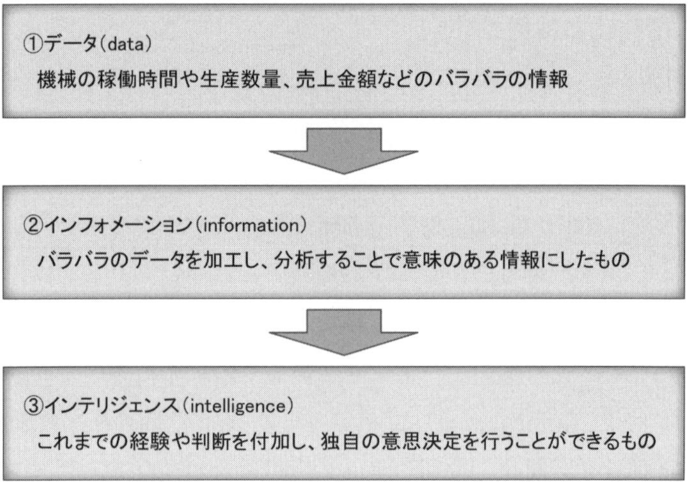

①データ(data)
　機械の稼働時間や生産数量、売上金額などのバラバラの情報

②インフォメーション(information)
　バラバラのデータを加工し、分析することで意味のある情報にしたもの

③インテリジェンス(intelligence)
　これまでの経験や判断を付加し、独自の意思決定を行うことができるもの

　生産現場をよく見ると、種々のデータ収集が行われている。作業日報や設備稼働実績、生産数量、支払金額、在庫数量など。ただし、これらのデータだけでは意味を見出すことはできない。しかし、生産現場にはデータのまま放置されている事例を見ることがある。せっかく、手間暇をかけて収集したデータも使わなければ何の意味も持たない。これらのデータを分析し、活用することで、意味のないデータが宝の山に変わっていくのである。

(2) データ収集のポイント

　データを収集する目的は、そのデータを使って企業の収益性や生産性の向上に役立てることにある。情報を管理することで企業目的に近づくことが必要である。

第6章　現場で活かせる情報化のすすめ方　　89

　データを収集することで、かえってコストアップになるのであれ
ば、それはまったくムダな活動である。

　したがって、データを収集する場合には、そのデータを何に使う
のか？どのように使うのか？を明確にすることが前提条件である。
作業の効率化、設備の可動率や稼働率向上、品質保証、原価低減、
労務管理のため、などデータを収集する目的を明確にすることが重
要なのである。

　つぎにどのようなデータを収集するのかを決めることである。

　作業の効率化を図るためには、生産数量や作業時間、作業の効率
化に影響をあたえる条件などが必要であり、設備の生産効率化を図
るためには生産品目や数量、時間、設備の停止時間やその理由など
が必要になる。その他にも、目的に応じて必要なデータを明確にす
るべきである。

　さらに、データをどのように収集するかが問題である。集計表に
担当者に記入させるのか、パソコンやタブレット端末に直接入力さ
せるのか、バーコードやICチップを使うのか…。

　IT技術の発展に伴ない、種々の方法が考えられるようになって
きた。コスト・パフォーマンスを考慮して、最適な方法で収集する
のである。

　データを収集したならば、そのデータを加工・分析し、蓄積して
いかなければならない。

(3) インフォメーション化（データ分析）のポイント

　データに意味をもたらすのがインフォメーション化。データを加
工し、比較し、分析することで意味ある情報に変換するのである。

　意味ある情報とは、それが判断につながる情報のこと。基準に比

べてよいのか、悪いのか？　前年に比べてよいのか、悪いのか。先月と比べるとどうなのか、先週、昨日と比べてどうなのか、競合企業に比べてどうなのか。

　つまり、データを加工・分析することで現状の良し悪しが手に取るようにわかり、的確な判断ができるようにすることが必要である。さらに、その要因や原因がどこにあるのかが分かるように細分化しなければならない。

(4) インテリジェンス化のポイント

　データを分析し、情報を判断ができる状態にすることがビジネスには必要である。

　ただし、データ分析に時間をかけ、手間暇かけていれば情報の鮮度が落ち、的確な判断やその後の実行に齟齬をきたすことも考えられる。

　せっかく時間をかけて表やグラフを作成しても、判断した段階では古い情報になっていることも少なくない。そこで、入手したデータを自動的に解析し、瞬時にものごとを判断する仕組みをつくることが研究されている。たとえば、製造機器の稼働状況をネットワークで共有し、分析システムで最適なサイクルタイムを算出し、生産のスピードを最適な状態にしていくことなどが行われている。これまでの種々のデータを蓄積して、解析し、パターン認識することで、将来を予測し、最適な行動を起こすというものである。

2. 情報化に関する取り組みのとらえ方

HEPTAでは、情報化の分析項目として「資材調達」、「在庫・工程管理」、「品質・改善業務」、「原価・生産性」の4つの項目がある。

(1) 資材調達の情報化

資材調達は生産の出発点にあたるとともに原材料の開発競争や調達先の変化、価格の変化、商品や為替相場の影響等、速やかな情報収集～対応が必要になる。さらに、自社の生産・在庫状況との影響もあり、ものづくり企業にとっては情報化をすすめていくうえで重要な項目である。

(2) 在庫・工程管理の情報化

最適な在庫・工程管理をするためには、原材料や仕掛品、製品別に何が、どこに、どれだけあるのかを常に把握しておくことが前提になる。原材料の調達情報、工程内でのものの流れ・停滞の情報、製品の出荷情報を整理することで在庫管理を実施することである。さらに、生産余力や進捗、実績データを収集蓄積・活用することで、工程管理、納期管理など製造工程を効率的な方法で計画・運営することにつながるのである。

(3) 品質・改善業務の情報化

品質・改善業務のためには、現在の品質基準を明確にし、改善の余地をつかみ、改善していくための方法を明確にすることである。そのためには品質データを収集蓄積し、活用することが必要であ

る。また、検査結果のばらつきデータや歩留まり・ロス率のデータ、原材料や製造履歴等のトレーサビリティ情報などを収集蓄積し、活用するこが望まれる。さらに、品質向上のための情報活用をすすめていくことも課題である。

(4) 原価・生産性の情報化

原価の低減を図り、生産性の向上を図るためには、標準原価を設定し、実際原価をつかむ必要がある。あるべき姿である標準原価と現実の姿である実際原価の差が問題点なのである。この差額の原因をつかみ、その原因を改善していくことが原価低減対策である。

さらに、生産性の向上を図るためにも標準作業時間や標準稼働率、標準可動率などの生産性指標を設定し、実際の生産性指標の構成データを収集、分析する必要がある。

これらの4つの項目をチェックし、改善する仕組みがHEPTAである。そのためには、下記の項目をチェックすることが必要である。

図表6-2 情報化に関するチェック項目

項目	チェックポイント
資材調達	資材調達はシステム化されているか
	材料の入荷状況がタイムリーに把握できているか
	インターネット等を活用して一般購買ができているか（コスト削減）
	生産計画と在庫に基づいた計画的な発注ができているか
	外注の進捗を把握できる仕組があるか
在庫・工程管理	製品在庫データが収集蓄積され活用されているか
	材料在庫データが収集蓄積され活用されているか
	生産余力を把握できているか
	生産進捗データを収集し、タイムリーに可視化しているか
	生産実績データが収集蓄積され活用されているか

第6章 現場で活かせる情報化のすすめ方　93

品質・改善業務	品質データが収集蓄積され活用されているか
	検査結果のばらつきデータが収集蓄積され活用されているか
	歩留まり・ロス率のデータが収集蓄積され活用されているか
	原材料、製造履歴等のトレーサビリティ情報が収集蓄積され活用されているか
	品質向上に向けた情報活用を行っているか
原価・生産性	設備稼働率データが収集蓄積され活用されているか
	労働生産性データが収集蓄積され活用されているか
	コストデータが収集蓄積され活用されているか
	生産性向上に向けた情報活用を行っているか
	原価低減に向けた情報活用を行っているか

さらに、簡易版ではこれらのうち、下記の項目をチェックする。

図表 6-3　情報化に関するチェック項目（簡易版）

項目	チェックポイント
資材調達	生産計画と在庫に基づいた計画的な発注ができているか
在庫・工程管理	生産実績データが収集蓄積され活用されているか
品質・改善業務	品質向上に向けた情報活用を行っているか
原価・生産性	生産性向上に向けた情報活用を行っているか

　これらの4つの情報化を推進することで、高い生産性を実現することができるのである。

3. 情報化の平均点

　HEPTA 簡易版のこれまでの分析結果の平均点は下記の通りである（2017年4月末現在）。

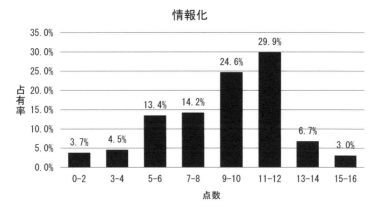

図表6-4　情報化の平均値と点数分布

7項目	平均点 (16点満点)
5S	8.6
見える化	10.0
流れ化	8.6
情報化	9.2
品質	10.0
資材購買	8.0
現場活性化	7.6

情報化

28項目	合計点数 (4点満点)
資材調達	2.5
在庫・工程管理	2.5
品質・改善業務	2.2
原価・生産性	2.1

　HEPTAの7項目のうち、「情報化」は「見える化」「品質」に次ぐ数値（平均9.2点）を示しており、ものづくり企業の生産性向上活動として比較的多く取り組まれている項目といえる。

第6章　現場で活かせる情報化のすすめ方　　95

　また、情報化の点数の分布を示すと上図の通りである。11-12点がピークとなっており、9点以上が64.2％を占める反面、8点以下も35.8％あり、多くの企業が情報化に取り組んでいる一方で、情報化に十分に対応できていない企業も決して少なくないといえる。

　つぎに中項目では、資材調達（2.5点）、在庫・工程管理（2.5点）が他の項目と比較して高い数値となっており、資材や在庫、工程管理に関する情報化はすすんでいるといえる。

　一方、品質・改善業務（2.2点）、原価・生産性管理（2.1点）は上記の項目と比較して低い数値となっていることから、情報化の課題項目といえる。

　また、中項目の情報化の点数分布を示すと下記の通りである。

(1) 資材調達の情報化

図表6-5 資材調達の点数分布

4点	生産計画と在庫に基づいた計画的な発注ができており、発注方法の見直しがなされている	13.7%
3点	生産計画と在庫に基づいた計画的な発注ができている	50.4%
2点	生産計画と在庫に基づいた計画的な発注を行うことになっており、周知されているが、実行できていない	14.5%
1点	生産計画と在庫に基づいた計画的な発注を行うことになっているが、周知されていない	13.0%
0点	生産計画と在庫に基づいた計画的な発注を行っていない	8.4%

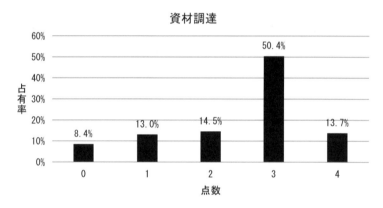

 資材調達の情報化は、過半数（64.1％）の企業が3点以上を付けており、生産計画と在庫に基づいた計画的な発注ができている状況が見られる。調達の情報化は多くの企業で実施段階にあることがうかがえる。

(2) 在庫・工程管理の情報化

図表6-6　在庫・工程管理の点数分布

4点	生産実績データが収集蓄積され活用されており、方法の見直しがなされている	9.0%
3点	生産実績データが収集蓄積され活用されている	42.5%
2点	生産実績データが収集蓄積されているが、活用されていない	38.8%
1点	生産実績データが収集されているが、蓄積されていない	7.5%
0点	生産実績データが収集されていない	2.2%

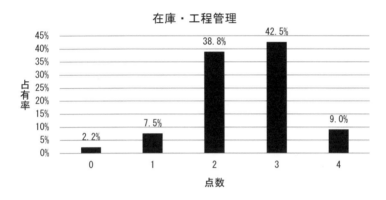

　在庫・工程管理の情報化は、51.5％の企業が3点以上を付けており、生産実績データが収集蓄積され活用されている状況が見られる。ただし、48.5％（0～2点）の企業はこれらを活用していない現状も見受けられる。

(3) 品質・改善業務の情報化

図表6-7　品質・改善業務の点数分布

4点	品質向上に向けた情報活用を行っており、方法の見直しがなされている	7.5%
3点	品質向上に向けた情報活用を行っている	43.3%
2点	品質向上に向けた情報活用の仕組みがあり、周知されているが、活用されていない	21.6%
1点	品質向上に向けた情報活用の仕組みがあるが、周知されていない	17.2%
0点	品質向上に向けた情報活用の仕組みはない	10.4%

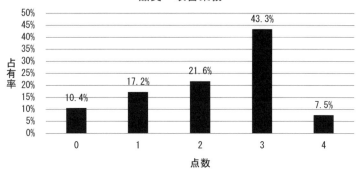

品質・改善業務の情報化は、50.8％の企業が3点以上を付けており、多くの企業が品質向上のための情報活用を行っている。ただし、49.2％（0～2点）の企業は情報が活用できていない現状も見受けられる。

（4） 原価・生産性管理の情報化

図表6-8　原価・生産性の情報化の点数分布

4点	生産性向上に向けた情報活用を行っており、方法の見直しがなされている	7.5%
3点	生産性向上に向けた情報活用を行っている	34.3%
2点	生産性向上に向けた情報活用の仕組みがあり、周知されているが、活用されていない	29.9%
1点	生産性向上に向けた情報活用の仕組みがあるが、周知されていない	15.7%
0点	生産性向上に向けた情報活用の仕組みはない	12.7%

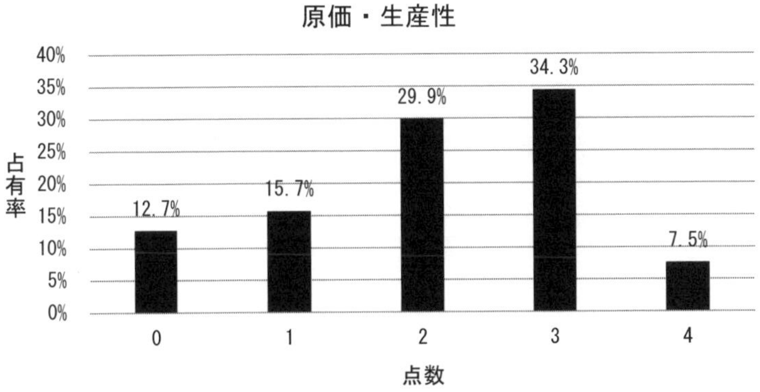

原価・生産性管理の情報化は、3点以上を付けた企業が41.8%にとどまっており、情報化の中でも原価管理や生産性向上のための活用度は高くないのが現状である。58.3%（0〜2点）の企業は情報が活用できていない現状がみられる。

情報化に関する事例

(1) 情報化に関する良い事例

次のデータは情報化のスコアが平均よりも優れていると評価された事例である。

図表6-9 情報化のスコアが平均よりも高い事例

7項目	当社（社長） （16点満点）	平均点 （16点満点）
5S	9	8.6
見える化	13	10.0
流れ化	11	8.6
情報化	15	9.2
品質	12	10.0
資材購買	14	8.0
現場活性化	9	7.6

28項目		当社（社長） （4点満点）	平均点 （4点満点）
情報化	資材調達	4	2.5
	在庫・工程管理	3	2.5
	品質・改善業務	4	2.2
	原価・生産性	4	2.1

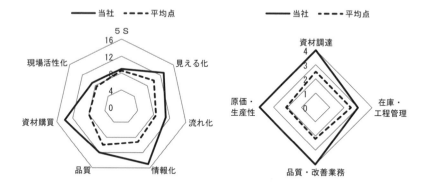

　当社は、情報化のスコアがとくに高く、5S、現場活性化のスコアが低くなっている。社長自ら最新の情報機器・システムの導入に積極的で、生産性を高めていくための活動を行っている。さらに、社員がHEPTAを実施した結果、下記のように各自の情報化に関

する評価が分かれており、会社全体の情報化に対する認識が異なっているという課題がみえてきた。

評価者	社長	B	C	D	E	F	G	H	I	J	K	L	M	N	O	P
資材調達	4	4	2	3	3	2	3	4	2	3	4	3	2	1	3	1
在庫・工程管理	3	3	3	2	3	3	3	2	3	3	2	3	2	3	3	1
品質・改善業務	4	3	3	2	3	3	2	2	3	3	2	2	2	1	3	0
原価・生産性	4	3	2	2	3	3	1	3	2	3	2	2	2	1	2	0

(2) 情報化に関連する悪い事例

次のデータは情報化のスコアが平均よりも劣っていると評価された事例である。

図表6-10　情報化のスコアが平均よりも劣っている事例

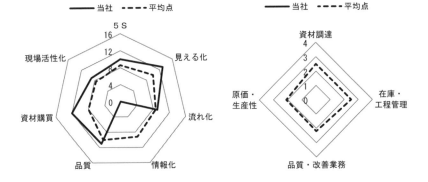

当社は情報化のスコアが0点と極端な評価であった。他の項目は
それなりに評価しており、特殊な例といえる。情報化のための活動
をまったくしていないわけではないが、情報化という認識に欠けて
いるようである。コンピュータやITといった言葉にアレルギーを
持っている企業もあり、情報化という言葉と実際の業務が結びつい
ていないことも見受けられる。情報化とは特殊な活動ではなく、日
常業務に付随している業務であることを認識することが必要であ
る。当社においては情報化の理解のためにも、社内でのミーティン
グや勉強会などを実施するのも効果的であると考える。

5. 情報化に関する改善策

(1) 資材調達を最適化するための改善の方策

①データ化

資材調達を最適化するデータには下記のものが考えられる。

1. なぜ（Why）：品質、納期、コストなど

2. 誰が（Who）：発注者、権限者など

3. 何を（What）：製品、半製品、部品、素材、副原料、サー
   ビス、外注など

4. どこから（Where）：供給先（供給力、支払条件、納品方法、
   対応力、アフターサービスなど含む）

5. いつまでに（When）：契約期間、納期、リードタイムなど

6. どのような方法で（How）：発注方法、発注媒体など

7. どれだけ（How many）：発注ロット、安全在庫量、販売
   量など

8．いくらで（How much）：価格、値引など

まずはこれらの資材調達データを蓄積することから始める。

②インフォメーション化

蓄積した資材調達データをインフォメーション化する。

各項目に重要度や優先順位を付け、変化のスピードや振幅などを適宜把握できるように細かくチェックする。必要に応じて点数化し、意思決定しやすいようにわかりやすい情報へとブラッシュアップしていく。

③インテリジェンス化

意思決定がAIなどで自動にできるようにシステム化している企業もある。いわゆる「自動発注システム」であり、インテリジェンス化の一つの形態といえる。

販売の状況、在庫の情報、仕入先の情報、技術的な情報、納品状況、支払条件などを総合的に自動で分析し、最適な調達先に、最適な数量、最適な条件で発注するのである。

これにより、素早く最適な資材調達が可能になると同時に、購買担当者の不正を未然に防ぐこともできるのである。

(2) 在庫・工程管理を最適化するための改善の方策

①データ化

在庫・工程管理に関するデータは、上記の資材調達データの他、受注データ、生産余力データ、生産進捗データ、生産実績データ、出荷データの収集・蓄積を行う。

生産進捗データや生産実績データは作業者に作業日報や管理表などに記録させるところからスタートするが、バーコードなどの入力の自動化も正確なデータ収集のためには有効である。生産余力は生

産能力と生産実績から算出するため、生産実績データをいかに素早く収集するかがポイントである。

②インフォメーション化

　在庫管理・工程管理システム等を活用し、収集したデータをもとに生産進捗管理〜生産計画の見直し〜生産指示・生産をしていく。受注残や完成品在庫、仕掛在庫等はパソコンで管理することがよく行われる。また、在庫情報は、倉庫情報、運送情報との連動が必要になるなど、在庫管理・工程管理とはその情報が密接に関連しているため、多部門にまたがる情報化が求められる。

③インテリジェンス化

　最適な在庫や納期遅れをなくすための分析を繰り返すことで、季節要因や曜日別の変動、作業者ごとの技術力などのパターン化がすすみ、生産進捗管理〜生産計画の見直し〜生産指示を誤差なく行うことができるようにしていくのである。

(3) 品質・改善業務のための改善の方策

①データ化

　品質の改善を進めていくためには、品質データや検査結果のばらつきデータ、不良データ、原材料、製造履歴等のトレーサビリティ情報の収集蓄積が必要である。

②インフォメーション化

　これらのデータは分析した結果、品質情報として活用するためにグラフやヒストグラム、管理図、パレート図などの図表に置きかえることが行われる。また、製品別や機械別、作業者別、時間帯別などの層別管理を行うことで、不良の発生原因を特定したり、再発防止策をつくったりすることも不可欠である。

③インテリジェンス化

　品質・改善業務のためのインテリジェンス化には、生産中の設備等を自動的に補正していくなどして必要な品質につくりこむなども行われている。

(4) 原価低減・生産性向上のための改善の方策

①データ化

　原価低減を行い生産性の向上を図るためには、材料費や労務費、外注費、経費データなど原価に関するデータや標準作業時間や標準稼働率、標準可動率などの生産性データを収集することが必要である。

②インフォメーション化

　原価データや生産性データを計算し、標準原価との比較や原価率の傾向等の分析を行う。さらに、設備稼働率や労働生産性等の基準と比較し、現在の生産状況が基準に対してどうなのかをチェックし、生産性向上のための方策を立案する。

③インテリジェンス化

　各種のデータを携帯端末などに直接入力したり、設備から稼働データを自動発信し、ネット経由で自動でデータ取得を行い、情報システムで設備の稼働時間、必要人員の算出などを行うことで稼働率や可動率の向上、付加価値生産性向上につなげている事例も存在する。

（内藤　秀治）

第7章

品質を上げるための
現場のしくみ

第7章　品質を上げるための現場のしくみ　　109

1. 品質とは何か

　品質について JIS　Q9000:2015 では、「対象に本来備わっている特性の集まりが、要求事項を満たす程度」と定義している。ここで、『特性』とは「特徴付けている性質」と表現され、また『要求事項』とは、「明示されている、通常暗黙のうちに了解されている又は義務として要求されている、ニーズ又は期待」と表現されている。

　非常にむずかしく見える定義であるが、わかりやすく表現すると、「顧客の要求内容に合致しているかどうか、その度合い」と考えることができる。

　顧客の要求事項にすべて合致していれば顧客の満足度は高まり、合致する度合いが減ってくると顧客の不満は増加する。特に、ここだけは譲れないというポイントが満足できなければ、顧客は離れて行く。

　企業にとっては、要求事項を満足しない製品（管理基準・品質基準から外れる製品）を顧客の手元に届けないことが重要である。

　皆さんが購買担当者となった場合、次の A ～ C 社のどこから部品を購入するだろうか。

図表 7-1　品質検査の違い

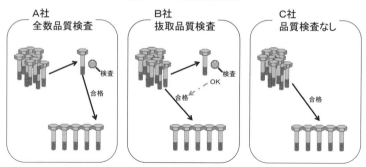

　A社は製品のすべてを検査し基準に合致したものだけを出荷するという管理体制を行っている。B社は製品のうち一部を抜き出して検査し合格したロットを出荷するという管理を行っている。最後のC社は、品質検査をせずに全数合格品として出荷している。

　検査をしていないところから購入するのは躊躇する。したがって全数検査しているA社から買うほうが良いと思ってしまう。しかしA社はコストがかかる全数検査をなぜするのか？　それは、工程で不良品が混じる可能性があるため、それを排除するために仕方なく行っているからである。一方、品質検査をしないC社は原材料のブレ、機械装置のブレ、作業者のブレ、その他のブレをしっかり把握し、そのブレが重なった場合でも品質範囲を逸脱しないことが明確になっているため、あらためて品質検査をするまでもなく、良品が出荷される。

　品質についてものづくりの現場は何を目指すべきだろうか？　それはC社のように、工程ブレをきっちり把握して、ブレが管理範囲内から逸脱しないようにすることである。また、万が一逸脱した場合は、その現象を迅速にとらえ、そのものを後工程に流さないことである。

第7章　品質を上げるための現場のしくみ　　111

　現場を一気にこの状態にするのは非常にむずかしい。現場が現在どのレベルにあるのかを把握して、上のステップを目指した取り組みを進めることが重要である。

図表7-2　品質管理レベルと必要な取り組み

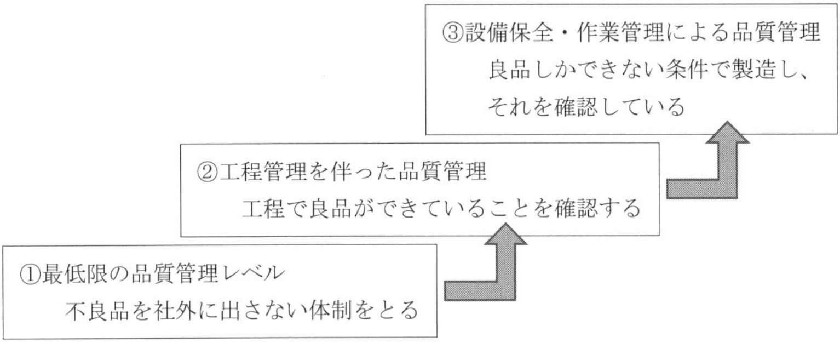

③設備保全・作業管理による品質管理
　　良品しかできない条件で製造し、
　　それを確認している

②工程管理を伴った品質管理
　　工程で良品ができていることを確認する

①最低限の品質管理レベル
　　不良品を社外に出さない体制をとる

　工程のブレはどのような場合に大きくなるのか？
　人（Man）・設備（Machine）・原材料（Material）・方法（Method）といういわゆる4Mの観点からとらえると、

　　　人　　（Man）　　：作業者によるやり方の違い、疲労等による
　　　　　　　　　　　　　ポカミス…
　　設　備（Machine）：消耗・摩耗、ゆるみ、汚れ…
　　原材料（Material）：ロット違い、劣化、保管状態…
　　方　法（Method）：設定条件、判断、誤認識…

などが考えられる。これらのブレを抑え、品質を維持するとともに、より高いレベルの品質を実現する現場では、ブレを抑制する仕組みが重要である。
　この仕組みを評価するためにHEPTAでは、①工程内品質、②

検査、③管理、④再発防止の観点から自社の現状をとらえ、ステップアップするための方策を示唆している。それぞれの内容については、次節で説明する。

2. 品質に関する取り組みのとらえ方

　HEPTAでは、品質の分析項目として「工程内品質」、「検査」、「管理」、「再発防止」の４つをあげている。

(1) 工程内品質

　工程内品質とは、工程一つひとつのなかで決められた通りのものを作り上げ、次工程に良品しか流さないということである。

　ものづくり現場の品質は、各工程で決められたことが正確に行われる工程内品質が重要である。皆さんのものづくり現場には、次工程に不良を流さない仕組みはあるか、また、その仕組みは稼働しているか、見直すことが必要である。

(2) 検査

　検査には大きく分けて、製品そのものにかかわる性状を測定するものと、製造に係る機械装置や治工具の特性を測定する２つからなっている。

　検査は目の前の製品の良否を判定するだけでなく、ものづくりプロセスの妥当性を確認することであり、さらには自社の品質を上げる取り組みの基本となるものである。検査結果が記録され、分析に活かされているか？　現場の確認が求められる。

(3) 管理

　管理とは目的を達成するために統制することで、ここでは、品質レベルを維持向上させるために統制しているかどうかをチェックしている。

　品質を維持・向上するためには作業者の努力だけでは難しく、仕組みとして構築していくことが必要である。そのためにはデータを収集し、そのデータに対して対策を実施していくことが大切である。一番顕著な例は、不適合品に対して処置が適切に行われているかどうかである。皆さんの現場で、不適合品が放置されていることはないか？　どのような仕組みが必要か検討すべきである。

(4) 再発防止

　品質不適合・不良が発生した時に、同じ不適合・不良を二度と発生させない対策がとれるかどうかが、現場の品質を上げる大きなポイントである。

　品質の優れた現場は、発生した不適合・不良を生かしてものづくりのレベルアップを図っている。不適合・不良を活用できる現場になっているだろうか？

　これらの4つの項目をチェックし、改善する仕組みがHEPTAである。そのためには、下記の項目をチェックすることが必要である。

図表7-3　品質に関するチェック項目

項目	チェックポイント
工程内品質	QC工程図、作業指図書があるか
	ポカよけのしくみがあるか
	次工程に不良を流さない仕組みがあるか

	ヒヤリハット段階の問題を把握し、フィードバックしているか
	定期的な工程パトロールが実施されているか
検査	受入検査を行っているか
	工程内検査・出荷検査を行っているか
	検査結果が記録され、分析に活かされているか
	測定具の校正の仕組みがあるか
	検査員のスキル把握とトレーニングの仕組みがあるか
管理	品質管理に関する目標管理が実施されているか
	生産日報（生産数、良品数、不良数、不良内訳、チョコ停など）が活用されているか
	品質データを定量的に分析しているか
	不適合品の処理が適正に行われているか
	初期流動品・クレーム処理を管理しているか
再発防止	品質会議が定期的に開催されているか
	TPM活動は行われているか
	再発防止の仕組みがあるか（なぜなぜ分析などの手法、再発防止組織の運営等）
	クレームの処理が適正に行われているか
	品質問題に対して、取引先や自社設計部門などと一緒に対策をとっているか

　さらに、簡易版ではこれらのうち、下記の項目をチェックする。

図表7-4　品質に関するチェック項目（簡易版）

項目	チェックポイント
工程内品質	次工程に不良を流さない仕組みがあるか
検査	検査結果が記録され、分析に活かされているか
管理	不適合品の処理が適正に行われているか
再発防止	再発防止の仕組みがあるか

　これらの4つ項目を意識することで、品質管理のレベルアップが図られる。

3. 品質の平均点

　HEPTA 簡易版における品質の平均点は次のようになっている（2017年4月末現在）

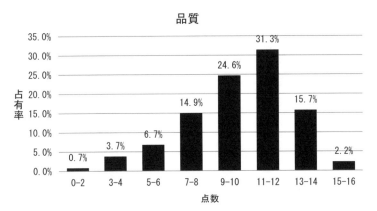

図表7-5　品質管理の平均点と点数分布

7項目	平均点 (16点満点)
5S	8.6
見える化	10.0
流れ化	8.6
情報化	9.2
品質	10.0
資材購買	8.0
現場活性化	7.6

28項目	合計点数 (4点満点)
工程内品質	2.6
検査	2.3
管理	2.5
再発防止	2.6

　品質は7つの項目の中で見える化とならんで最も高い数値（平均10.0点）であり、多くの会社にとって取り組まれていることを示している。

中項目の平均点を見てみると、工程内品質 2.6 点、検査 2.3 点、管理 2.5 点、再発防止 2.6 点であり、他の項目に比べて検査に対しての取組みがやや不十分であることがわかる。

実際に HEPTA の回答をもとに各社の点数の分布を見ると、以下のようになる。

まず「工程内品質」では次表に示す結果となっている。3 点をつけた企業が半数を超え、仕組みを運用していることがわかる。今後の課題としては、現在運用している仕組みを定期的に見直し、よりよい仕組みづくりを進めることになる。

図表 7-6　工程内品質の点数分布

4 点	次工程に不良を流さない仕組みが運用されており、仕組みが見直されている	11.3%
3 点	次工程に不良を流さない仕組みが運用されている	56.4%
2 点	次工程に不良を流さない仕組みがあり、周知されているが、運用されていない	19.5%
1 点	次工程に不良を流さない仕組みがあるが、周知されていない	8.3%
0 点	次工程に不良を流さない仕組みはない	4.5%

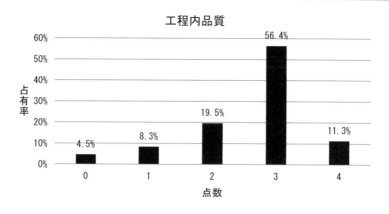

次に、「検査」については次の結果となっている。2 点をつけた

企業が多く、分析はされているもののフィードバックが不十分であるといえる。検査の目的である工程改善につなげ不良品を作らないようにするというところまで、意識が達していない状況であると考えられる。

図表7-7　検査の点数分布

4点	検査結果が記録・分析され、関連部門にフィードバックされている	13.4%
3点	検査結果が記録・分析され、当該部門にフィードバックされている	26.9%
2点	検査結果が記録・分析されている	35.1%
1点	検査結果が記録されているが、分析されていない	20.9%
0点	検査結果が記録されていない	3.7%

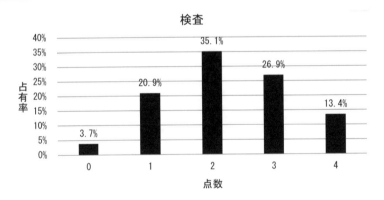

3番目の項目である「管理」については、次の結果となっている。「管理」については「工程内品質」と同じような傾向を示しており、仕組みが運用されている企業が過半数を占め、仕組みの見直しを行っていくことが今後の取り組みとして重要である。

図表 7-8　管理の点数分布

4点	不適合品の処理が適正に行われており、方法の見直しがなされている	9.0%
3点	不適合品の処理が適正に行われている	56.0%
2点	不適合品の処理方法が周知されているが、適正に行われていない	22.4%
1点	不適合品の処理方法が周知されていない	6.0%
0点	不適合品の処理方法が決まっていない	6.7%

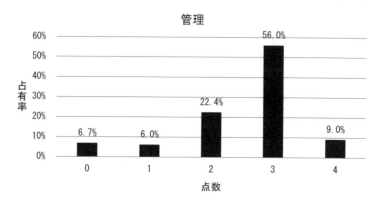

　最後に「再発防止」は、次の結果となっている。「再発防止」についても「工程内品質」「管理」とほぼ同じ傾向を示している。しかしながら3点を付けた企業が半数を超えていないことから、分析結果の現場へのフィードバックが十分とはいえない可能性がある。

第7章 品質を上げるための現場のしくみ

図表 7-9　再発防止の点数分布

4点	再発防止の仕組みがあり、運用されていて、見直しがなされている	12.7%
3点	再発防止の仕組みがあり、運用されている	48.5%
2点	再発防止の仕組みがあり、周知されているが、運用されていない	28.4%
1点	再発防止の仕組みがあるが、周知されていない	6.7%
0点	再発防止対策の仕組みがない	3.7%

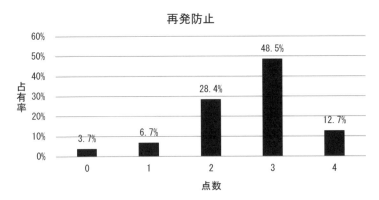

4. 品質の分析事例

(1) 事例1

次のデータは、平均よりも品質の点数が優れていると評価された事例である。

図表7-10 品質の点数が平均よりも高い事例

7項目	当社 (16点満点)	平均点 (16点満点)
5S	10	8.6
見える化	7	10.0
流れ化	8	8.6
情報化	8	9.2
品質	13	10.0
資材購買	10	8.0
現場活性化	11	7.6

28項目	当社 (4点満点)	平均点 (4点満点)
工程内品質	3	2.6
検査	4	2.3
管理	3	2.5
再発防止	3	2.6

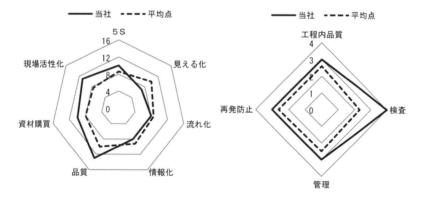

　この会社は、流れ化・見える化および情報化の点数は平均より劣っているが、品質に関しては高い点数を示している。特に、検査・分析の結果を当該部門だけでなく関連部門にフィードバックする仕組みが運用されていることが、品質の維持向上に寄与しているものと推察される。

このように品質管理の仕組みが十分機能しているため、他の項目についても実施していくことを決めれば、速やかに全体のレベルが上がっていくことが期待できる。

(2) 事例2

次のデータは、平均よりも品質の点数が劣っていると評価された事例である。

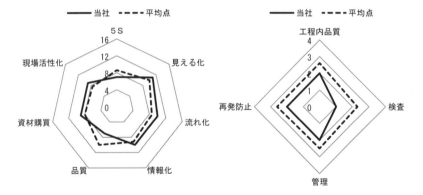

図表7-11　品質の点数が平均よりも劣っている事例

品質の点数が平均点より大きく劣っている最大の要因は、品質レベルを上げる仕組みがあるにもかかわらず、それが適切に運用されていないということである。

運用されないのは何か原因がある。この結果によれば、5S の点数も低くなっていることから、「決めたことであっても守らなくても仕方がない」という風土であることが考えられる（あるいは、守ろうと努めるが、やり方が複雑すぎて守ることができないことも考えられる）。

当社の取り組みで重要なことは、決めたことを守るという姿勢を根付かせることである。リーダーを中心として、ルールから逸脱した行為をチェックし是正する習慣づけをすること、ルールが守られない状況で作業に入らないことなどを徹底することが必要である。また、作業者に対してルールが存在する理由を教育し続けることが重要である。

ルールが守れない現場では、自分が製造しているものが何に使われているのか、どう役に立っているのか理解していないことがほとんどである。ルール違反がどのような事態を引き起こすか理解できれば、ルールを守る姿勢が生まれ、品質に対する意識も変わってくる。何に使われるものを作っていて、作業がどのように大事なのかを理解させることをあわせてすすめるべきである。

5. 品質に関する改善の方策

ここまで、品質の状況についていくつかの事例を見てきた。では、品質の改善を進めるためにはどのような方策があるのだろうか。

ここでは、品質の各項目について改善の方策を考えていく。

(1) 工程内品質に関する改善の方策

　ものづくり現場の品質は、各工程で決められたことが正確に行われる工程内品質が重要である。ものづくり現場は、次工程に不良を流さない仕組みがあり、その仕組みが稼働していることが必要である。

　工程内品質を考えるうえでは、その工程で「どの品質を作りだすのか」を明確にすることが最も重要である。例えば、穴をあけるのであれば、穴の位置の許容範囲はどうなのか、穴の大きさの範囲は、粗さは…など、必要な項目を定量的に上限・下限を明示しておくことが必要である。数値で表現していれば、その範囲に入っているかどうかは明確に判断でき、数値ではからなくてもゲージを用いることで判断できるようになる。

　また、さらに一歩進んだ現場であれば、設備あるいは道具や冶具を管理することで、求める品質のものしかできない状況を作り出すことが可能である。そういう現場では、できたものを検査しなくても、良品ができたことを確認することができる。

　工程内品質を上げるためには、求められることを明確かつ具体的にすることからすすめるべきである。

(2) 検査に関する改善の方策

　検査は目の前の製品の良否を判定するだけでなく、ものづくりプロセスの妥当性を確認することであり、さらには自社の品質を上げる取組みの基本となるものである。検査結果が記録され分析に生かされているか、現場を確認する必要がある。

　検査で最も大事なことは、検査のやり方を統一するということである。やり方のばらつきが結果のばらつきの要因になる。検査は工

程のばらつきを見るものなので、検査にばらつきがあっては、何のために検査しているのかわからなくなる。検査のやり方を文書化して、間違いないようにすることが大事である。

　また、検査が顧客の要求事項の一部しか直接評価していないことを認識すべきである。顧客の要求事項は数値で表しにくく、代替する項目として仕様を取り決めている。したがって、仕様を満足するからといって顧客が満足するかどうかは別の話である。検査の方法もどんどん進化している。新しい検査方法によって、顧客の要求事項により近い内容で評価することも可能になっている。検査技術の進歩を定期的に評価することを忘れずにすすめることが大事である。

(3) 管理に関する改善の方策

　品質を維持・向上するためには作業者の努力だけでは難しく、仕組みとして構築していくことが必要である。そのためにはデータを収集し、そのデータに対して対策を実施していくことが大切である。一番顕著な例は、不適合品に対して処置が適切に行われているかどうかであり、不適合品への対応にどのような仕組みが必要か検討すべきである。

　管理とは、方法を決めて、その方法に沿って進めていくようにすることである。第一段階は方法（やり方）を決めることである。決めたやり方は守ることが重要で、守っているのかどうか簡単にわかることが必要である。例えば、決めた方向にしか取り付けできない冶具を利用したり、測定ゲージに適正範囲のしるしをつけるなど、方法を決めるときに、守っているかどうかも分かるような仕組みを取り入れることがコツである。

（4）再発防止に関する改善の方策

　品質の優れた現場は、発生した不適合・不良を生かしてものづくりのレベルアップを図っている。

　品質の不良はなかなか防止することはできない。しかしながら、同じ不良を再び発生させないことは、かなりの確率で可能である。再発防止の肝は、なぜ発生したのかを突き止めることで、原因追究には4Mに分けて考えていくことがわかりやすい。

　　　人　　（Man）　　　：作業者に起因する違いはないか
　　設　備（Machine）：機械・設備の変化はないか
　　原材料（Material）：材料のブレはないか
　　方　法（Method）：方法に変わりはないか

　原因追究は人に責任を負わせないで、事実に焦点を当てて進めることが必要である。この進め方を再発防止のプロセスの第一番におけば、再発を防ぐことのできる組織を構築することが可能になる。

（鳥淵　浩伸）

第**8**章

QCD をレベルアップ
する資材購買

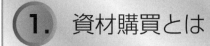

製造業にとって資材購買は利益に直結する活動である。資材購買の重要性について「利は元にある」とも言われ、まさに「良い仕入れ（調達）が利益を生む」というのが実態である。

下の表は中小製造業の損益計算書の平均値である（平成28年中小企業実態基本調査（平成27年度決算実績）速報 http://www.e-stat.go.jp/SG1/estat/List.do?lid=000001178069 に基づき筆者が作成）。

図表8-1　中小企業製造業の損益計算書の平均値　（単位　千円）

従業者数(人)	23
売上高	453,329
売上原価	356,332
売上総利益	96,997
販売費及び一般管理費	83,665
営業利益	13,332
営業外損益	3,002
経常利益	16,334
特別利益	3,107
特別損失	6,040
税引前当期純利益	13,401
税引後当期純利益	8,438
付加価値額	131,916

売上原価	356,332
商品仕入原価	75,000
材料費	126,902
労務費	58,497
外注費	40,273
減価償却費	10,005
その他の売上原価	45,655

販売費及び一般管理費	83,665
人件費	36,298
地代家賃	2,892
水道光熱費	1,176
運賃荷造費	8,340
販売手数料	1,688
広告宣伝費	1,321
交際費	1,347
減価償却費	3,314
従業員教育費	151
租税公課	2,391
その他の経費	24,746

この表で、網掛けで示したものの大半は企業の外部から調達するものである。

売上原価の80.8％、販売管理費の47.6％を調達によって支出しており、損益計算書全体でみると、売上高の72.3％を外部からの調達によって占めており、経営において極めて重要な役割を示している。購入する価格を少しでも下げられれば、それだけ利益が拡大す

ることから、まさに「利は元にある」ということがよくわかる。

　調達について、小売業や流通業では仕入価格を重視することが多くなる。これは扱う商品が同じであれば品質は同じということで、ものの品質に対しての付加価値に差をつけることが難しいことに他ならない。家電など市場に商品が在庫としてあるものについては、納期もほとんど問題にならず、仕入価格に主眼がいくのは当然のことである。

　一方、製造業では、仕入価格を重視することに変わりはないが、汎用品・標準品として流通している材料のほかに、手に入りにくいものや、特別な仕様のものを仕入れることも多くなっている。その時は、仕入価格が安いというよりも、こちらの要求した仕様を満足して納入してもらえる先、あるいは、納期を守ってくれる先を優先して検討することになる。

　原材料や部品が入らないと、目的とする製品の生産ができなくなる。また、部品の仕様が要求のものでないと手直しの工程が必要になる。そうなると工数が増えて利益を圧迫したり、あるいは納期に間に合わなくなることが発生する。

　つまり、製造するために最適のものを最適のタイミングで仕入れることで、決めた品質・価格・納期でものづくりを行うことができ、顧客に満足を与えることが可能となる。

　一方、供給元の立場に立つと、できるだけ高い価格で、できるだけ納期に余裕をもって、できれば緩いスペックで、という思いがあり、購入側の考えと相反する思いがある。この双方の思いの相違の落としどころを探っていくのが調達の本質である。

　また、形のないサービスを導入するのも調達の一つの役割である。もちろん、外注加工などのように、製造プロセスの一つを社外

にお願いする場合は、調達部門よりも生産管理部門が主になるが、機器の保守メンテナンスや製品の輸送などは調達部門が関与する割合が多い。

　サービスのように形がないものは「コト」と表現することが多いが、この「コト」を調達する際には、形のある「モノ」を調達するよりも注意を払う必要がある。

　「モノ」は形があるので、求めている仕様に合致しているかどうか判断することは比較的容易だが、「コト」になるとサービスを受ける前には仕様に合致しているのかどうか判断することはなかなか難しい。まして納入仕様を定義することも非常に難しくなる。一般的には、サービスの実施状態やサービスを受け終わった後の状況で定義する。

　一例として、製品の輸送を考えてみると、集荷のタイミングや配達時間の指定だけでなく、輸送中の保管や取り扱い、お盆や正月の体制、緊急時の対応能力なども考えて調達先を決めることが大切である。

　「コト」の調達は見えない分、より慎重になることが必要である。決めておかなければならないのは何かを具体的かつ定量的に定義して調達の場に臨むことが重要である。

2. 資材購買に関する項目

　HEPTAでは、資材購買の分析項目として「購買」、「外注」、「在庫」、「物流」の4つをあげている。

(1) 購買

　購買とはものづくりに必要な装置や資材を他社から受け入れるということで、設定した仕様のものを、必要な時に必要なだけ、できるだけ安価に、取引することを目指すものである。

　購買は利益の源泉であり、確固とした体制構築がものづくりを支える基盤となる。購買先をしっかり観察することが必要である。また、そこからしか調達できないと思い込まず、調達リスクを低減するために2社購買を検討することも重要である。

(2) 外注

　外注には大きく分けて、製造工程の一部を外部の事業者に委託するものと、自社に必要な取り組みを外部事業者からサービスとして取り入れる2つがある。

　ものづくりにおいて外注先が担う機能は大きくなってきている。これまでの経緯だけから継続した取引をするのではなく、よりよいものづくりのために現状でよいのかを見直し、さらに外注先と一緒に技術のレベルアップを図っていくことが重要である。

(3) 在庫

　製造に必要な物品は受け入れてから使用されるまでの間に在庫として保管されるが、調達できる単位や納期の関係からある程度の期間保管することになる。ここでは、その在庫の取り扱いが適正かどうかのチェックを行う。

　在庫は管理を怠ると増加する一方となる。在庫が増加すると保管コストがかかるだけでなく、いずれ使用できなくなり廃棄するなど多大な負担になる。逆に在庫が過少になると製造時に不足して生産

第8章 QCDをレベルアップする資材購買 133

がストップしてしまうなどの問題が発生する。在庫を把握し適正化
していく仕組みになっているかどうか見直しが必要である。

(4) 物流

　物流とは文字通り、ものの流れである。資材調達におけるものの
流れは、原料等を入手する際の輸送や、製品をお客様に納入する際
の輸送や外部倉庫を利用した保管があげられる。

　原材料の輸送や保管であれば品質・リードタイムにかかわり、ま
た、製品の輸送や保管については、お客様に直に接する重要なパー
トナーとしてのかかわりを持つことになる。このように、信頼がお
けるものの流れをつくりだす仕組みかどうかの評価が必要である。

　これらの4つの項目をチェックし、改善する仕組みがHEPTA
の資材調達であり、下記の項目をチェックすることとしている。

図表 8-2　資材購買に関するチェック項目

項目	チェックポイント
購買	資材の調達にあたって購買方針は明確になっているか
	購買先の評価の仕組みがあるか
	購買単価を定期的にチェックしているか
	複数社購買に取り組んでいるか
	より有利な購買条件になる購買先を開拓しているか
外注	自社生産計画と外注生産計画が適切に調整されているか
	外注の評価の仕組みがある
	外注の技術交流をしているか
	複数社の外注先の確保に取り組んでいるか
	より有利な条件になる外注先を開拓しているか

在庫	在庫量を管理しているか	
	入出庫が適正に管理されているか	
	死蔵在庫、過剰・滞留在庫を区分しているか	
	在庫のロケーション管理を行っているか	
	実地棚卸は実施されているか	
物流	物流業務に関する方針は明確になっているか	
	場内ハンドリングを改善しているか	
	積載効率を把握し、積載率向上のための施策を実施しているか	
	発注・入荷／出荷・客先着へのリードタイム管理はしているか	
	物流のコスト削減に取り組んでいるか	

さらに、簡易版ではこれらのうち、下記の項目のチェックを行う。

図表 8-3 資材購買に関するチェック項目（簡易版）

項目	チェックポイント
購買	購買先の評価の仕組みがあるか
外注	外注の評価の仕組みがあるか
在庫	在庫の量と状態を管理しているか
物流	物流のコスト削減に取り組んでいるか

これらの4つ項目を意識することで、強い資材購買体制が作られる。

3. 資材購買の平均点について

　HEPTA簡易版における資材購買の平均点は次のようになっている（2017年4月末現在）

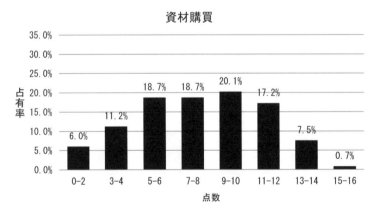

図表8-3　資材購買の平均点と点数分布

7項目	平均点 （16点満点）
5S	8.6
見える化	10.0
流れ化	8.6
情報化	9.2
品質	10.0
資材購買	8.0
現場活性化	7.6

28項目		合計点数 （4点満点）
資材購買	購買	1.8
	外注	1.7
	在庫	2.7
	物流	1.8

　資材購買は7つの項目の中で2番目に低い数値（平均8.0点）を示しており、多くの会社にとってまだ十分に取り組みがなされていないことを表している。

中項目の平均点を見てみると、購買 1.8 点、外注 1.7 点、在庫 2.7 点、物流 1.8 点であり、在庫に関しての取り組みは進められているものの、それ以外の取り組みが不十分であることがわかる。

実際に HEPTA の回答をもとに各社の点数分布を見ると、以下のようになっている。

まず「購買」では、3 点が最も多いものの、0 点、1 点、2 点をつけている企業も多く存在し、購買先の評価について意識していない企業が多く存在する。

図表 8-4　購買の点数分布

4 点	購買先を評価する仕組みがあり、運用され、かつ定期的に見直しがなされている	11.3%
3 点	購買先を評価する仕組みがあり、運用されている	27.8%
2 点	購買先を評価する仕組みは周知されているが、運用されていない	15.0%
1 点	購買先を評価する仕組みが周知されていない	23.3%
0 点	購買先を評価する仕組みがない	22.6%

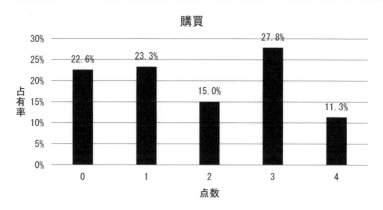

「外注」についてみると、ものづくり企業においては、まず社内の体制に目を向けられることが多く、一定基準に達したところから

外部へ目を向けていく。このため、購買先や外注先を評価しなければいけないとは感じているものの、評価のやり方がわからない、あるいは、変更する先がないため評価できていない、などの結果を示していると思われる。

図表 8-5　外注の点数分布

4点	外注を評価する仕組みがあり、運用され、かつ定期的に方法の見直しがなされている	10.6%
3点	外注を評価する仕組みがあり、運用されている	22.7%
2点	外注を評価する仕組みは周知されているが、運用されていない	18.9%
1点	外注を評価する仕組みが周知されていない	21.2%
0点	外注を評価する仕組みがない	26.5%

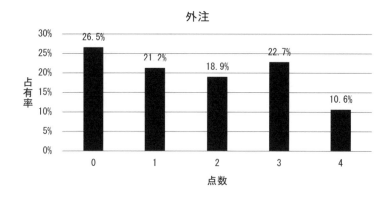

次に「在庫」についてみてみると以下の結果となる。「在庫」の点数分布は鐘金型の分布（正規分布）に似た形を示しており、各企業とも在庫について意識をしていることがわかる。特に在庫の量と状態を管理することは、9割以上の企業で周知されている状況であり、いかに実行していくかで差がついている状態といえる。

図表 8-6　在庫の点数分布

4点	在庫の量と状態を管理できており、管理方法の見直しがなされている	16.8%
3点	在庫の量と状態を管理できている	45.0%
2点	在庫の量と状態を管理することになっており、周知されているが、実行できていない	29.8%
1点	在庫の量と状態を管理することになっているが、周知されていない	6.1%
0点	在庫の量と状態を管理していない	2.3%

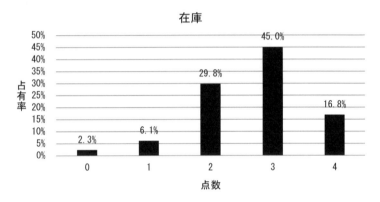

　最後に、「物流」については次の結果となっている。2点である「物流のコスト削減に取り組んでいるが、結果に結びついていない」にチェックを付けた企業が最も多くなっている。3点の「物流のコスト削減に取り組んでおり、結果に結びついている」にチェックを付けた企業もその次に多いことから、取り組み自体は進められているといえる。

第8章　QCDをレベルアップする資材購買　　　139

図表8-7　物流の点数分布

4点	物流のコスト削減に物流パートナーと一緒に取り組んでおり、結果に結びついている	3.1%
3点	物流のコスト削減に取り組んでおり、結果に結びついている	28.2%
2点	物流のコスト削減に取り組んでいるが、結果に結びついていない	34.4%
1点	物流のコスト削減に取り組むことになっているが、周知されていない	17.6%
0点	物流のコスト削減に取り組んでいない	16.8%

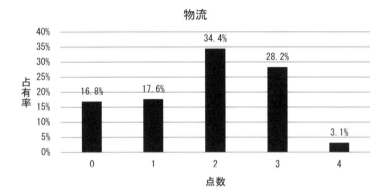

4. 資材購買の分析事例

(1) 事例1

　次のデータは資材購買の点数が平均よりも優れていると評価された事例である。

図表 8-8　資材購買の点数が平均よりも高い事例

7項目	当社 (16点満点)	平均点 (16点満点)
5S	11	8.6
見える化	5	10.0
流れ化	12	8.6
情報化	14	9.2
品質	9	10.0
資材購買	15	8.0
現場活性化	7	7.6

28項目	当社 (4点満点)	平均点 (4点満点)
購買	4	1.8
外注	4	1.7
在庫	4	2.7
物流	3	1.8

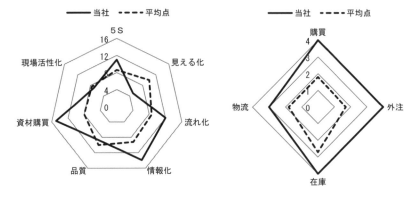

　この会社は、定型的な業務である資材購買・情報化の点数が特に高いが、組織的な取り組みが求められる、見える化・品質・現場活性化の点数が低くなっている。つまりこの会社は、一定のやり方で実施する業務については確実に実施できる能力があるが、状況に合わせてやり方を考え進めていく業務については苦手であると考えられる。

　やり方が明確化すれば実施できる能力はあるので、やり方を考えていく取り組みを実施することで、資材購買で示されている高い能力が他へも展開していくようになる。

(2) 事例2

次のデータは資材購買の点数が平均よりも劣っていると評価された事例である。

図表8-9 資材購買の点数が平均よりも劣っている事例

7項目	当社 (16点満点)	平均点 (16点満点)
5S	11	8.6
見える化	14	10.0
流れ化	12	8.6
情報化	10	9.2
品質	13	10.0
資材購買	6	8.0
現場活性化	9	7.6

28項目		当社 (4点満点)	平均点 (4点満点)
資材購買	購買	1	1.8
	外注	1	1.7
	在庫	3	2.7
	物流	1	1.8

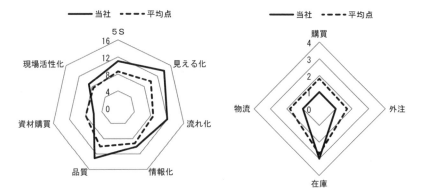

資材購買の点数が平均点を下回っている理由は、在庫以外の資材購買の仕組みが機能していないことにある。仕組みはあるが周知されておらず、結果としてその仕組みが運用されないということである。

資材購買以外の点数は平均点を上回っていることから、ルールが理解されれば円滑に運用できる組織であるといえる。また、こういった組織にあって特定の項目が低い場合は、これまでその分野に

注意が払われていなかったことを意味している。

　当社の取り組みで重要なことは、ものづくりのステップアップとして資材購買も重要な事項だと再認識し、基準や仕組みを伝え続けることである。

　仕組みがあっても伝え続けないと活動は機能しないし、うまく動かない仕組みは問題点があっても修正されないため、時間がたつと意味をなさなくなる。ものづくりにかかわるルールがあるのかをチェックし、それらを伝え続けているのかを見直して業務を進めていくことが必要である。

5. 資材購買の改善策

　ここまで、資材購買の状況についていくつかの事例を見てきた。では、資材購買の改善を進めるためにはどのような方策があるのだろうか。

　ここでは、資材購買の各項目についての方策を考えていく。

(1) 購買に関する改善の方策

　購買は利益の源泉でもあり、確固とした体制構築がものづくりを支える基盤となる。購買先をしっかり観察するとともに、他から調達することができないかも考える必要がある。

　購買の取り組みを進める第一歩は、購入先の評価を実施することである。先方の経営状況を確認するだけでなく、「なぜそこから購入しているのか」、「他から調達することはできないのか」を検討す

ることが求められる。

　全ての調達品目について一度にやるのは時間もかかるので、半年ないし1年で一回りするように、購入品目別や購入先別に順番に評価していくことで、大きな負荷をかけないで実行することが可能になる。

　その際、複数社から見積もりを取り比較する、あるいは2社購買を検討することで調達不能のリスクに備えるなども行うことが重要である。

　調達先を継続して検討することは、強い購買を作り出す基本である。まずは大量に購入しているものから考えていくことをお勧めする。

(2) 外注に関する改善の方策

　外注も購買と同じように、定期的に外注先の評価を実施することが必要である。外注においては技術という目に見えないものを評価するため、新しい先を見つけることが難しい。また、実際に近い試作を依頼してその出来栄えで評価することがあるが、依頼内容によっては、製品の情報が流出したりノウハウの保護ができなくなる可能性があることに注意が必要である。

　評価を円滑に進めるために、テスト加工例を準備して、その結果を評価することで、複数の外注先の技術レベルの違いを明確化することができる。

(3) 在庫に関する改善の方策

　在庫を考えるうえでは、調達先の数、ロットの大きさ、さらに、リードタイムを把握することが重要である。ロットが小さく、リー

ドタイムが短い材料は多くの材料を持つ必要はない。それに対して、調達先が限られる、あるいはリードタイムが長いものについては、十分な在庫を確保して生産に備える必要がある。

　在庫の保管状況についても注意を払う必要がある。保管状態によっては、原料が劣化し、製造に投入できなくなることがあるため、必要かつ十分な対策を明確にして、その基準に従った状態で保管していくことがポイントとなる。また、保管状況については定期的にチェックを行い、適切な保管状況なのか、劣化が起こっていないかを確認する仕組みの構築が望まれる。

(4) 物流に関する改善の方策

　資材購買において考えるべき物流は、主として、原料や資材を供給元から届けてもらうところと、製品を顧客に届けるところになる。原料や資材の運搬については、仕入先が手配することが大半である、配達時間が守られているかどうか、荷物の状況に問題がないかを把握するとともに、その情報を仕入先と共有することが重要である。運搬に問題が多い先については、変更してもらうなどの手立てをとっていくことが必要といえる。

　製品の輸送に関しては、さらに注意が必要である。実際に顧客に接するのは物流を依頼する先になるので、顧客の信頼を担えるべき先であるかどうかの評価をする必要がある。物流の仕組みも日々進化しており、それらを適切に把握し、互いの利益になるように研究しあえる先をパートナーとして選ぶべきである。

　原料の供給元や販売協力先に対しては、定期的な連絡会を開くなどして情報共有に努めるが、物流パートナーとは定期的な交流をしないケースが大半と考えられる。1年に一度でもいいので定期的な

情報共有をすることが重要である。

中小企業庁「平成 28 年中小企業実態基本調査（平成 27 年度決算実績)」速報
（http://www.e-stat.go.jp/SG1/estat/List.do?lid=000001178069)

（鳥淵　浩伸）

第9章
現場活性化の進め方

現場活性化とは何か

　経営は「ヒト、モノ、カネ、情報」の資源が重要だといわれている。長期間、企業の活力を維持し、時代の変化に対応して、商品・サービスを提供していくためには、企業で働く個人、すなわちヒトの優れた活動を如何に維持していくかに尽きる。

　アメリカのAT&T社のF・R・カッペル氏は著書である「企業成長の哲学」の中で組織の重要な要素として①個人の重要性を認めて行動すること、②目標を明らかにし、それに到達しうること、③社員が自発的かつ献身的に努力できるように支援すること、などをあげている[1]。生産現場においても「社員が絶えず成長し、新しいことにチャレンジし続ける、力強く、創造的で柔軟な現場」こそ活性化した状態といえる。

　この定義に基づくと、活性化した組織には4つのポイントがある。
　1つ目は、「力強く施策や改善策を推進できる組織か」である。
　目標も曖昧で、社員が自分の好きなように仕事を行う組織では、発揮できる力は半減してしまう。当然できる商品やサービスにも限界がでてくる。
　逆に、社員が一致団結して、目標に向かって仕事を行っている組織では1人の力が2人分にも3人分にもなり、他の組織が真似をできないような商品やサービスを提供できるようになる。
　経営者は、社員が一致団結して、仕事ができる組織作りを行っていく必要がある。

2つ目は、「創造的で柔軟に個々の力を発揮できる場があるか」
である。

経営者のリーダーシップによるトップダウンで事業を進めること
は重要である。しかし、トップダウンだけでは企業の成長に限界が
でてくる。やはり、社員が個々の力を十分に発揮できる組織を作り
上げることが重要になる。

そのためには、責任と権限の委譲、小集団活動などの場の設定、
人事考課など複合的に組み合わせて社員のモチベーションを高める
仕組みを構築することが重要である。

3つ目は、「新しいことにチャレンジし続ける仕組みがあるか」
である。

新しいことにチャレンジすることが重要だとよく言われるが、実
際に実行するのは簡単ではない。特に生産現場では、品質が重視さ
れ、製造工程を安易に変更できないことがその要因の一つとなって
いる。

しかし、新しい技術にチャレンジしなければ、会社の競争力は下
がってしまう。

新しい技術にチャレンジできる組織にするためにはどうすればよ
いか？　そこには前向きな失敗については責められない組織風土づ
くりが必要になる。また、失敗を次の改善に生かせるように PDCA
サイクルを上手く回せる組織にすることも効果的といえる。

4つ目は、「社員が絶えず成長できる仕組みがあるか」である。

企業が成長するためには、社員の成長が不可欠である。ものづく

りの現場では「見て覚える」や「経験して覚える」と言われることがある。確かにそういった経験則にもとづく側面もあるが、少しでも効率的に技術を身につけることができる仕組みを作ることも必要である。

また、技術を身につけたいと思わせるような評価や制度の充実も大切である。さらに、大切な社員が辞めないようにモチベーションを維持または高める仕組みも重要になる。

図表 9-1　活性化した組織の状態

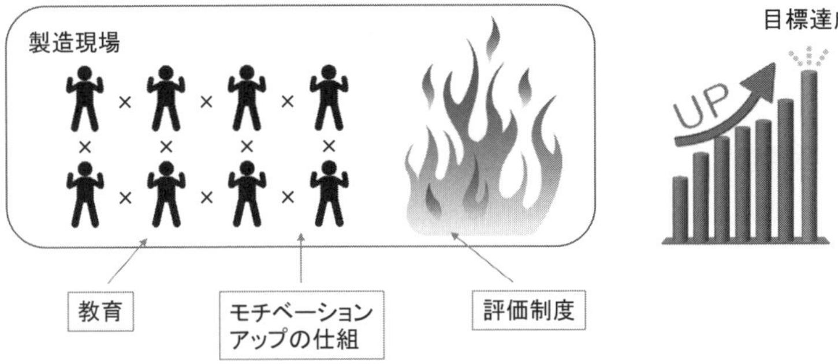

HEPTA では、①組織力、②運営、③小集団活動、④人事・教育の項目で先に挙げた 4 つのポイントを評価する。

2. 組織活性化の分析項目

HEPTA では、組織活性化の分析項目として「組織力」、「運営」、「小集団活動」、「人事・教育」の 4 つをあげている。

(1) 組織力

　ものづくり現場の活性化に関する項目の1番目は「組織力」である。

　組織力とは、組織が一つの目標に向かって動くときに発揮される力である。組織が一つの目標に向かって動くためには、目標の共有、責任と権限の委譲、コミュニケーションの円滑化、をできるかがポイントになる。目標を共有するためには、組織の方針を発表する場が必要になる。責任と権限を委譲するためには、委譲できるだけの実力を持った人材を育成する必要がある。コミュニケーションも仲が良いというだけでは不十分であり、職場の問題点を共有し、共に改善策をつくることができる関係を築かなくてはならない。

(2) 運営

　ものづくり現場の活性化に関する項目の2番目は「運営」である。

　活性化している生産現場は、常に改善を続けている。改善し続ける組織を維持するためにはPDCAが基本となる。PDCAとは、どのように目標達成するかを計画（Plan）し、その計画を実行（Do）し、実行した結果を評価（Check）する。最後に評価結果から新たな是正措置（Action）をうつことである。

(3) 小集団活動

　ものづくり現場の活性化に関する項目の3番目は「小集団活動」である。

　活性化した組織では、社員が「やらされ感」で仕事を行うのではなく、自ら進んで課題を見つけ解決策を実行していく。しかし実態は、一部のモチベーションの高い社員は自ら進んで課題解決を行うが、他の社員は同じようにできない場合も存在する。だからといっ

て、「課題解決をしなさい」「自分で考えて行動しなさい」と経営者が声をあげるだけでは自ら進んで課題解決する組織は実現できない。そこで、社員が創造的で柔軟に個々の力を発揮できる場の設定が重要となる。その代表的な場が小集団活動である。場を設定することで、一人ではできなかったことが、他のメンバーと一緒に教えあい協力し合うことでできるようになる。そうなれば、次の改善への取組み方も積極的になる。協力して改善をやりきるという繰り返しによって組織は活性化していくのである。

(4) 人事・教育

ものづくり現場の活性化に関する項目の4番目は「人事・教育」である。

一部のできる社員は自ら考え、成長し会社を支える存在になる。しかし、生産現場を活性化するためには一部の優秀な社員が支えるのではなく、むしろ全社員が少しずつでも成長したほうが会社のレベルアップに繋がる。そのためには、いかに全社員の人間的・技術的な成長を促すかが重要になる。そのためには「教育」と「モチベーションを維持する仕組み」が重要となる。

これらの4つの項目をチェックし、改善ポイントを明確にする仕組みがHEPTAである。そのためには、下記の項目をチェックすることが必要である。

図表 9-2　現場活性化のチェックポイント

項目	チェックポイント
組織力	現場に責任と権限を委譲しているか
	社内のコミュニケーションを円滑にする仕組みがあるか
	人材の教育・訓練の仕組みがあるか
	職場の問題点を共有できているか
	組織の方針を発表する場があるか
運営	PDCA を意識した会議ができているか
	朝礼は目的をもって運営しているか
	現場ミーティングを必要に応じて実施しているか
	グループの目標管理の仕組みがあるか
	改善活動を PDCA サイクルに沿った形で推進できているか
小集団活動	小集団活動を行っているか
	改善提案制度があるか
	表彰制度があるか
	小集団活動の発表の場があるか
	改善活動時間を確保できる仕組みが出来ているか
人事・教育	部門長は定期的にメンバーと面談を行っているか
	目的を明確にしたジョブローテーションを行っているか
	評価結果を個人やチームにフィードバックしているか
	人材育成計画にもとづいた教育が行われているか
	昇進、昇格の基準が明確になっているか

　さらに、簡易版ではこれらのうち、下記の項目のチェックを行う。

図表 9-3　簡易版の現場活性化のチェックポイント

項目	チェックポイント
組織力	現場に責任と権限を委譲しているか
運営	PDCA を意識した会議ができているか
小集団活動	小集団活動を行っているか
人事・教育	人材育成計画にもとづいた教育が行われているか

現場活性化の平均点

　HEPTA簡易版における平均点は次のようになっている（2017年4月末現在）。

図表9-4　現場活性化の平均点と点数分布

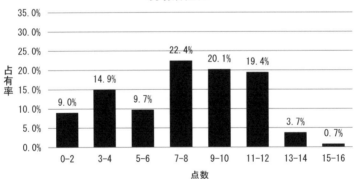

　現場活性化は7項目のうち最も低い平均点（平均7.6点）を示している。全体の13.4％が12点以上の点数を示している。また、43.3％が8点未満の点数となっている。12点以上について言及した

理由は、各項目が HEPTA の採点基準「3点：仕組みがあり、運用されている。」を概ね満たしている企業とみなせるからである。

ものづくり企業は、品質や効率化が重視される傾向にあり、即効性が低く地道な取組みが必要な現場活性化は優先順位が低くなり、結果として他の項目に比べて低い平均点を示したと考えられる。

しかし、近年ものづくり企業においては人材の確保が非常に難しくなってきている。人材確保や離職率の低減の視点からも、活性化した組織づくり、働き甲斐のある組織づくりが重要な課題となっている。

実際に HEPTA の回答をもとに各社の点数の分布をみると、以下のようになる。

まず「組織力」について述べる。

「組織力」では、小集団活動と異なり、多くの企業で権限と責任を委譲することになっている。ただ、委譲することになっているにも関わらず委譲ができていない企業が 45.5％あることがわかる。

図表 9-5　組織力の点数分布

4点	現場に責任と権限を委譲し、委譲する内容の見直しを行っている	2.2%
3点	現場に責任と権限を委譲できている	35.1%
2点	現場に責任と権限を委譲することになっており、周知されているが、実行できていない	32.1%
1点	現場に責任と権限を委譲することになっているが、周知されていない	13.4%
0点	現場に責任と権限を委譲することになっていない	17.2%

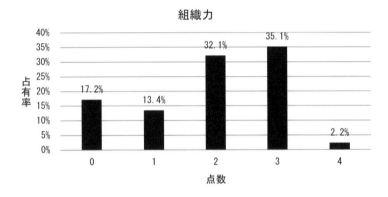

　つぎに「運営」では、73.9％以上の企業がPDCAに沿った形で組織を運営することが周知されていることがわかる。しかし45.5％の企業が実施できていないという結果になっており、周知されているが実施できていない実態がわかる。PDCAは製造業の基本であることから、PDCAに沿ってしっかり組織を運営することが重要である。

図表 9-6　運営の点数分布

4点	PDCAに沿った形で推進しており、進め方の見直しを行っている	1.5%
3点	PDCAに沿った形で推進している	26.9%
2点	PDCAに沿った形で推進することになっており、周知されているが、実行できていない	45.5%
1点	PDCAに沿った形で推進することになっているが、周知されていない	11.2%
0点	PDCAに沿った形で推進していない	14.9%

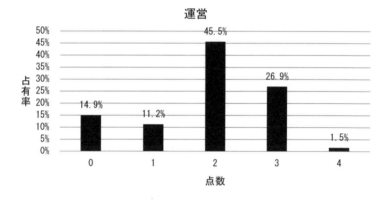

　また「小集団活動」とは、少人数の社員で構成されたグループによる安全性向上や品質向上などの改善活動のことである。点数の分布をみると、「小集団活動」を実施できていない企業が多いことがわかる。とくに「小集団活動」をそもそも実施することになっていない企業が29.9%を占めていることが特徴である。組織を活性化するためには社員の自主的な活動は不可欠である。小集団活動を実行することができる企業はそれだけで競争力がある組織といえる。他社との競争に打ち勝つためにも小集団活動を始めることは重要である。

第9章 現場活性化の進め方

図表9-7 小集団活動の点数分布

4点	小集団活動が実行されており、ルールの見直しも行っている	7.5%
3点	小集団活動のルールが知られており実行できている	31.3%
2点	小集団活動のルールが、実行できていない	20.9%
1点	小集団活動を行うルールはあるが周知されていない	10.4%
0点	小集団活動を行っていない	29.9%

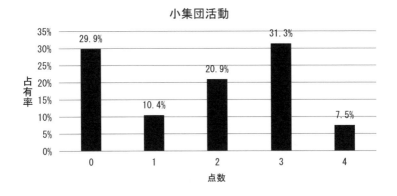

　最後に「人事・教育」では、80％を超える企業が人材計画に基づいた教育を行うことになっていることがわかる。しかし、実際にルール通りに教育できている企業は44.8％になっている。

図表 9-8　人事・教育の点数分布

4点	人材育成計画にもとづいた教育が行われており、教育方法の見直しを行っている	8.2%
3点	人材育成計画にもとづいた教育が行われている	36.6%
2点	人材育成計画にもとづいた教育を行うことになっており、周知されているが、教育を行っていない	26.1%
1点	人材育成計画にもとづいた教育を行うことになっているが、周知されていない	10.4%
0点	人材育成計画にもとづいた教育を行うことになっていない	18.7%

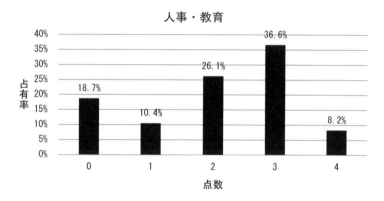

第2章でも述べたが、

・ルールはあるが周知徹底されていない、守られない

・ルールの見直しが行われておらず、改善が進まない

・必要な情報がタイムリーに共有されていない

というのが生産現場の実態である。おそらく、今の仕事に忙殺され、仕組みづくりに手が回っていない状況であると推察されるが、だからこそ普段の仕事に様々な仕掛けをして行く必要がある。

4. 現場活性化の分析事例

(1) 事例1

下のデータは現場活性化の点数が12点以上の企業平均点と全企業の平均点を比較した結果である。12点以上を基準にした理由は、前述のとおりである。

図表9-9　現場活性化の点数12点以上の企業平均点と全企業の平均点の比較

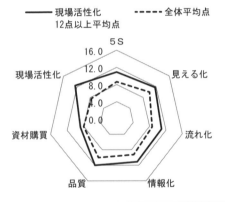

7項目	現場活性化 12点以上平均点	全体平均点	差
5S	10.9	8.6	2.3
見える化	11.7	10.0	1.7
流れ化	10.9	8.6	2.3
情報化	11.1	9.2	1.9
品質	12.0	10.0	2.0
資材購買	8.8	8.0	0.8
現場活性化	12.5	7.6	4.9

結果は、現場活性化の点数が12点以上の企業平均が、全項目において、全企業平均と比べ高い平均点を示している。しかも、資材

購買を除く項目で 1.7 ポイント以上の差となっている。

　もう一点注目すべき点は、全企業平均で現場活性化は最も低い点になっているのに対して、現場活性化 12 点以上の企業においては、現場活性化は最も高い点になっていることである。

　この結果から、生産現場が活性化している企業ほど生産現場全体のレベルが高くなるといえる。

　つぎに現場活性化の各項目についてみてみると、現場活性化の点数が 12 点以上の企業において、人事・教育面で点数が一番高くなっている。また、全体平均と比べても 1.2 ポイントの差があり、最も差が大きい項目となっている。

図表 9-10　現場活性化の点数 12 点以上の企業平均点と全企業の平均点の中項目比較

28項目	現場活性化 12点以上平均点	全体平均点	差
小集団活動	3.3	1.8	1.5
組織力	3.1	1.9	1.2
運営	2.8	1.9	0.9
人事・教育	3.3	2.1	1.2

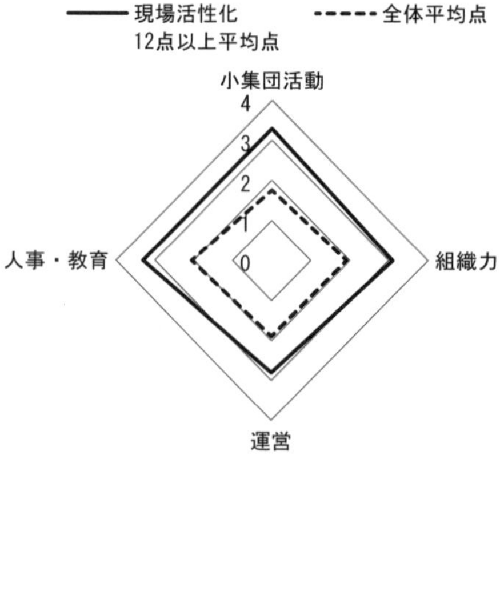

また、小集団活動についても全体平均にくらべ1.5ポイントの差がついており、生産現場が活性化している企業ほど、小集団活動に力を入れていることがわかる。

第2章でも述べたとおり、現場全体の底上げを図る第一歩は「風通しの良い職場づくり」である。しかし、「職場風土を変えるぞ！」と宣言しても、すぐに成果がでるわけではない。

やはり「5S」と「見える化」で、今の仕事の状況を可視化し、「情報化」でお互いに必要な情報を共有して「生産現場の活性化」につなげていく必要がある。それを実行する場として「小集団活動」は有効な手段であるということがわかる。

小集団活動を通じて、生産現場は、更なる高みを目指す。今のやり方を見直し、もっと早くやる方法はないか、もっと簡単にやる方法はないかと考え、新たな仕組みを作り上げていく。そのような活動が活発になっていくと生産現場はさらに活性化していく。

このような改善スパイラルを作り上げることが大切になる。

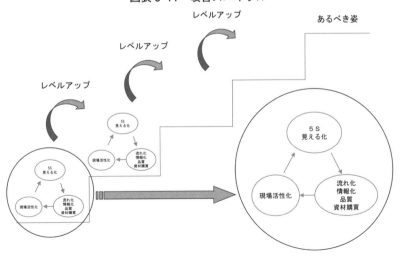

図表9-11　改善スパイラル

(2) 事例2

次のデータは、現場活性化の点数だけが平均点より劣っていると評価された事例である。

図表9-12 現場活性化の点数だけが平均点より劣っていると評価された事例

7項目	当社 (16点満点)	平均点 (16点満点)
5S	12	8.6
見える化	13	10.0
流れ化	11	8.6
情報化	11	9.2
品質	14	10.0
資材購買	10	8.0
現場活性化	6	7.6

28項目		当社 (16点満点)	平均点 (16点満点)
現場活性化	組織力	3	1.9
	運営	1	1.9
	小集団活動	1	1.8
	人事・教育	1	2.1

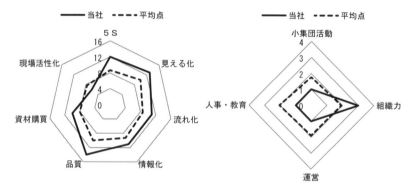

現場活性化の点数が全体の平均点に比べ1.6ポイント低いが、他の項目では平均を上回る点数になっている。現場活性化のポイントが低いにも関わらず、平均点を超える項目が多数あるのには何か要因があるはずである。

現場活性化の各項目をみると、組織力（責任と権限の委譲）の点数が高くなっているのがわかる。

このことから、一部のできる社員が組織を引っ張っていると考え

られる。

　このような組織は、できる社員の退社などによって、競争力を失うリスクを抱えているといえる。

　また、できる社員の仕事の負荷が大きくなってしまうことも問題である。

　繰り返しになるが、一部の社員が支えるのではなく、全社員の成長が会社のレベルアップに繋がる。

　一部の社員に依存する組織の場合、人事・教育の仕組みを作っていくためには、コミュニケーションが重要であり、あわせてできる社員の技術を社内で共有することについての理解を十分に得て進める必要もある。非常に時間がかかるが、現場活性化には必要不可欠なので少しずつでも進めることが大切となる。

5. 現場活性化に関する改善の方策

　ここまで、現場活性化の状況についていくつかの事例をみてきた。では、現場活性化を進めるためにはどのような方策があるのだろうか。ここでは、現場活性化の各項目についての方策を考える。

(1) 生産現場に責任と権限を委譲するポイント

　「権限を伴わない責任」や「責任を伴わない権限」を与えてはいけないという組織の原則がある。

　「生産性を1%上げなさい」という上司の指示に対して、部下は具体的な施策を提案するにも関わらず、上司が提案された施策をこ

とごとく却下し実施できないというようなケースが「権限を伴わない責任」にあたる。また、部下に命令するが言いっぱなしで責任を部下に押し付けるようなケースが「責任を伴わない権限」にあたる。

いずれのケースも組織としての生産性やモチベーションを著しく低下させる要因となる。責任と権限を一致させるという組織の原則を守ることが重要である。

責任と権限の委譲においては、委譲する側が委譲される側の失敗を受け入れる我慢と責任を持つことが一番のポイントになる。

(2) PDCAを意識した運営を実施するポイント

会議が報告会になっているケースがある。会議は参加者全員の時間を使って行うもので、その人件費を考えると多くの費用をかけて行っているものである。その会議の内容が報告会に終わり、なんの生産性もない会議になるとそれこそムダである。ムダな会議にならないようにするためのコツがPDCAを意識した会議を実施することである。では、具体的にPDCAを意識した会議とはどのような会議なのかを説明する。

報告会より一歩進んだ会議では、課題への対応策を検討するところまでは実施される。

しかし、その対策について、具体的に「いつ、だれが、どのように実施するか」を明文化していない場合も見受けられる。「いつ、だれが、どのように実施するか」を明文化して初めてPDCAのPlan（計画）ができたといえる。計画を立てた後は、次の会議でDo（実施）を確認する必要がある。これがCheck（評価）にあたる。計画を立てたが次の会議で進捗を確認していないケースも良く見られる。これでは折角立てた計画がムダになってしまい、改善も進ま

ないという事態に陥る。会議の中でPDCまで進めることができる会社はある程度改善の力があるといえる。しかし、さらにレベルアップするためには、更なるAction（改善案）を検討し計画に落とし込むところまで行うことが必要である。これを繰り返すことがPDCAを意識した会議なのである。

(3) 小集団活動を有効活用するポイント

小集団活動は、そもそも実施していない企業が多く、「昔はやっていたが、今はやっていない」という企業も多く見られる。そのような企業のベテラン社員に話しを聞くと、小集団活動をやっていたときは改善が進み活気があったといわれる。この話から、改善活動は継続して行わなければレベルが下がってしまうということがわかる。

では、継続して実施するために重要なことは何なのか。それは参加者のモチベーションを維持向上させることである。

参加者のモチベーションを維持するためには、活動が褒められたり、成果が評価や給与に反映されたりすることが必要である。

また、改善時間の確保が十分にできなければ、参加者は日常の作業に追われ、改善活動がおろそかになるケースも良くみられる。経営者や管理職が改善活動の重要性を良く認識し、改善活動の時間を確保することも必要な方策といえる。

(4) 人材育成計画にもとづいた教育を行うポイント

HEPTAでは人材育成を行っているという企業は多いという結果がでている。人材育成の方法は千差万別である。多くの製造業ではOJTによる人材育成を行っているが、著者は、多くの企業の実態

は計画が大雑把で OJT と称して実際には具体的な教育を行っていないように感じる。本来、OJT にも具体的な計画と実施が必要である。

人材育成計画は、身につけるべき項目（必要なスキルや技術）の洗い出し、項目を身につけるために必要な期間の設定、社員の項目ごとの習熟度（教えることができる人、自分で作業ができる人、補助があれば作業できる人、経験がない人など）で分ける。最後に、いつまでに誰に何を誰が教えるかを明確にして期限を区切って計画に落とし込む。

ここまでやって初めて機能する人材計画の完成となる。

【参考文献】

Frederick R. Kappel (1960) Vitality in a Business Enterprise–, New York, McGraw-Hill book Company, Inc.（冨賀見博訳『企業成長の哲学』ダイヤモンド社、1962 年）

（大音　和豊）

第 10 章
HEPTA の応用・未来

ここまで、HEPTA について解説してきたが、HEPTA の使い方としては下記がある。

①チェックをして自社の弱点を発見し、改善の余地がある箇所を見つけ出す。

②平均値と比較して、自社の競争力のレベルを知る。

③同一企業で複数の担当者でチェックをして、互いの認識の齟齬を確認し、改善の余地を発見する。

④一度チェックをしてから時間をあけて再びチェックし、改善が進んでいるかを知る。

⑤異なる拠点でチェックをし、互いの弱点を相互に改善指導する。

HEPTA を用いることで、生産現場改善のレベルを可視化、定量化できるため、上記のような活用が可能になる訳だ。

図表 10-1　HEPTA の活用

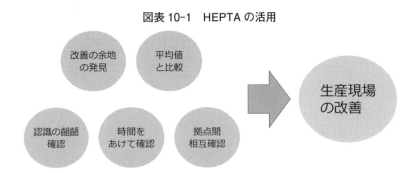

自社の経営者目線では、普段見慣れている現場だけに自分自身で改善点に気づきにくいものである。しかし、機密保持等もあって、生産現場の改善について指摘できる人を工場に入れて指導してもらうケースはなかなかない。顧客の工場監査時ぐらいのものだろうか。HEPTA を用いれば自身の勤務する工場現場をある程度自分自身でチェックして改善の余地を浮かび上がらせることができるので、上記の活用法も参考にしていただき、ご活用いただきたいと思う。

また HEPTA には詳細版と簡易版がある。詳細版でチェックを行うと、より細かくチェックすることができる。じっくりと腰を据えて、詳細にわたって確認したい方にはお勧めだ。簡易版にしても詳細版にしても HEPTA を使えば工場の現状を定量的に把握し課題を浮き彫りにできる。これを工場の評価に使用することも可能だし、経営計画を策定するにあたっての課題の抽出に使うこともできる。また、HEPTA の各項目も貴重な指針となる。HEPTA で抽出した改善点をテーマとした研修を企画するなどして、従業員の教育にも活用できるだろう。

本書では、HEPTA の活用について生産現場にフォーカスして述べてきた。しかしながら製造業には製造部門以外の部門も存在する。営業、設計、経理、人事労務、等々だ。本書の各項目をご覧になってすでにお気づきかもしれないが、製造部門の活動はこれらの会社の他の部署、機能と密接に関連してくる。結局、会社全体で改善をすすめようと思えば、これらの部署、機能と連携しつつ進める必要があるのだ。裏を返せば、製造部門で改善が進めば、他の部署、機能にも好影響が及ぶということだ。

例えば、5S 活動が進んだ工場現場に顧客が監査に来ることや、

製造リードタイム改善がすすんで短納期対応が可能になっていることを考えれば営業への影響はどうだろうか。悪いはずがない。ルールを遵守し、現場作業者が活発に改善提案をする現場があり、責任と権限が委譲された組織がある会社では従業員のモチベーションは高いだろう。これは人事労務に好影響を与えるだろう。

　製造業においては、製造部門は非常に重要な部門の一つだ。ここを切り口に会社全体を改善していく事も可能だということである。HEPTAはそのために活用できるツールということができるだろう。

図表 10-2　製造現場改善の会社全体への影響

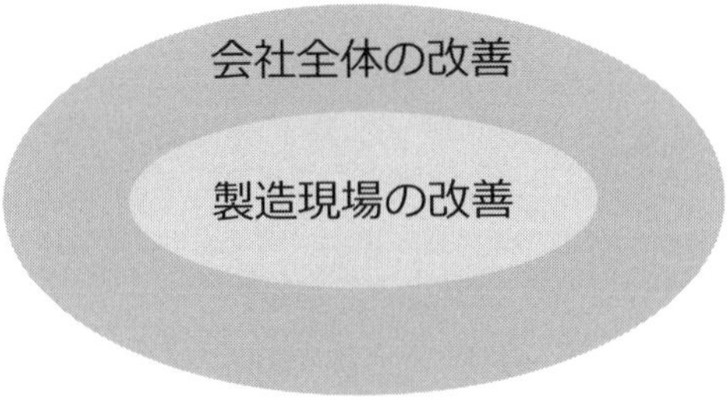

会社全体の改善

製造現場の改善

　今後はこのHEPTAを幅広く使っていただくことで、生産現場の評価システムとして育っていく事を目指している。それにより製造業の発展に微力ながら貢献できれば著者一同望外の喜びである。

（島田　尚往）

あとがき

　HEPTA は、関西ものづくり支援パートナーズメンバーのディスカッションの中で、
「経営状態をあらわす指標はたくさんあり、業種別平均値をもとに企業の現状を評価することができる」
「ものづくりの現場評価にも基準となる指標ができれば、現場支援がより効果的にできる」
との考えで開発されたものである。

　私自身、「ものづくり現場の状況を表す指標をつくる」ということの意義は十分理解したつもりであったが、正直言って、様々なものづくりの現場に共通に使えるものを生み出せるとは思っていなかった。
　それでも取り組みを進められたのは、改善活動の基本的な考えである「いいと思われることをまずやってみる。ダメならもとに戻せばよい」ということを実践しようという、意地のようなものだったといえる。
　このような状態でのスタートであったが、メンバーが経験してきた数多くの事例に共通の項目が見いだされたことで、標準ツールとして確立できるという確信を持てるようになった。実際、これまで評価させていただいた事例では、現場の状況がクリアになり、何から取り組むべきかの基本的なプランがすぐにイメージできるようになった。

HEPTA の考え方は、『基本となる項目を一定の評価軸で評価する』ことを積み重ねていくことで傾向を考えるものであり、評価事例が増加するほど信頼性が増す。これまで、セミナーやホームページなどを利用してデータ収集と評価を行ってきたが、今回、出版という形でさらに広くデータを集めるきっかけになればと考えている。

　HEPTA については以下のページで公開しており、チェックいただいた方はぜひ我々までデータをお送りいただきたい。そのお礼というわけではないが、平均値との比較と評価結果についてお返しさせていただくよう考えている。

　ものづくり企業にあっては自社を見つめるためのツールとして、企業評価やコンサルティングに携わる方にとっては現場評価のツールとして、使用していただければ幸いである。

　最後に、出版に当たってご尽力いただいた皆様に感謝いたします。

関西ものづくり支援パートナーズ

鳥淵　浩伸

【HEPTA の公開サイト】

http://www.naitokeiei.co.jp/menu.php?p=688

【著者略歴】

内藤秀治（ないとう しゅうじ）……【第4章・第6章】執筆
関西ものづくり支援パートナーズ 代表
株式会社ナイトウ経営 代表取締役。中小企業診断士。
電機メーカー、経営コンサルタント会社勤務を経て、2004年独立。
現在、一般社団法人大阪府中小企業診断協会理事、大阪経済大学大学院非常勤講師を兼務。
著書『コンサルティングの基礎』（共著、同友館）、『コンサルティングの作法』（共著、同友館）、『中小企業のための食品衛生ステップアップ活用術』（共著、風詠社）、『中小企業のための「環境ビジネス」7つの成功法則』（共著、日刊工業新聞社）、『中堅・中小企業のための新エネルギービジネス入門』（共著、NPO－EE ネット編）。

鳥淵浩伸（とりぶち ひろのぶ）……【第7章・第8章】執筆
技術コンサルタント（自営）。
株式会社日本触媒を経て、2000年独立。新製品・新サービスの開発・事業化を中心に各種支援活動を実施。
著書『中堅・中小企業のための新エネルギービジネス入門』（共著、NPO－EE ネット編）、『経営戦略がわかる事典』（執筆協力、日本実業出版社）。

顕谷敏也（あらや としや）……【第2章・第3章】執筆
株式会社アティックフェイス 代表取締役。中小企業診断士、MBA。シャープ株式会社を経て、2012年独立。製造業を中心に現場改善・研修等を実施。著書『工場長の教材』（共著、日本能率協会出版）、『改善提案活動 実践ノウハウ集』（共著、技術情報協会）。

大音和豊（おおと かずとよ）……【第1章・第9章】執筆
モノプラス株式会社 代表取締役。中小企業診断士。
販売管理ソフトメーカー、協同組合、試作品メーカーを経て、2008年に商品開発を総合的に支援するモノプラス株式会社を設立。製造部門を持ち、新製品の開発・事業化まで、ものづくりを含めた支援を行っている。

島田尚往（しまだ なおゆき）……【第5章・第10章】執筆
株式会社あかしべ 代表取締役。中小企業診断士、博士（工学）。
2003年大阪大学大学院工学研究科博士課程修了。三菱電機株式会社を経て、2013年技術・経営コンサルタントとして独立開業。主に製造業を対象に企業支援業務を行う。2016年、株式会社あかしべを設立。

2017年11月10日　第1刷発行

生産診断システム"HEPTA"による
ものづくり経営革新

Ⓒ　著　者　　関西ものづくり支援パートナーズ
　　発行者　　脇　坂　康　弘

発行所　株式
　　　　会社同友館

〒113-0033 東京都文京区本郷 3-38-1
TEL. 03(3813)3966
FAX. 03(3818)2774
URL　http://www.doyukan.co.jp/

乱丁・落丁はお取替えいたします。
ISBN 978-4-496-05324-5

三美印刷／松村製本所
Printed in Japan